Thomas Deuschle

So war's in den 1960ern

Thomas Deuschle

So war's

in den 1960ern

Reutlingen zwischen VW Käfer und Flower-Power

Oertel+Spörer

Bildnachweis

Stadtarchiv: 5, 18 (oben rechts), 22, 24, 26, 27 (oben), 28 (2 x oben und unten rechts), 32, 38, 39, 44, 46, 47, 52, 53 (og), 54, 56, 58, 60, 63 (unten), 66, 71, 76, 94 (4), 95 (2)
Archiv Generalanzeiger: U1 (Mitte), 2 und 3 (ma), 11, 12, 19, 21, 27 (ma), 31 (Brüning oben), 35, 48 (2), 52 (oben rechts [dor]), 54, 61, 63 (oben Fieselmann), 65 (kr), 66, 68 (links [teha] rechts [dor]), 71 (unten [esch]), 72, 75 (tw), 77 (lb), 78 (oben dor), 80 (by), 83 (hd), 86, 90
Thomas Deuschle: U1 (links), 8 (3), 18, 30, 35, 50, 52, 54,
Astrid und Rainer Mauser: 18, 20 (2), 28, 29, 30, 31 (unten), 34, 35, 36, 45, 49, 50, 51, 62, 68, 74, 93,
Heinz Bertsch: U1 (rechts), 81, 82 (3), Erwin Breig: 70, 78 (unten), 79, 86 (2 unten), Günter Kroner: 64
Firma Stoll: 84 (oben), Firma Wafios: 84 (unten), Familie Erz: 87, Eva Rechthaler: 89

Titelfotos

Geburtstage wurden noch bescheiden gefeiert – Das Parkhotel – Eröffnungsveranstaltung Black Mustang.
Seite 2 und 3: *Beim Kinderumzug platzte der Marktplatz aus allen Nähten.*

Haftungsausschluss

Die Hinweise in diesem Buch wurden vom Autor sorgfältig recherchiert und geprüft.
Es können jedoch keinerlei Garantien übernommen werden. Eine Haftung des Autors bzw. des Verlags
und seiner Beauftragten für Personen-, Sach- und Vermögensschäden ist ausgeschlossen.
Sämtliche Teile des Werks sind urheberrechtlich geschützt. Jede Verwertung außerhalb der engen Grenzen
des Urheberrechtsgesetzes ist ohne die schriftliche Zustimmung des Verlags und des Autors
unzulässig und strafbar. Dies gilt insbesondere für Vervielfältigungen, Übersetzungen, Mikroverfilmungen
und die Einspeicherung und Verarbeitung in elektronischen Systemen.

Bibliografische Information der Deutschen Nationalbibliothek

Die Deutsche Nationalbibliothek verzeichnet diese Publikation in der Deutschen Nationalbibliografie;
detaillierte bibliografische Daten sind im Internet über http://dnb.d-nb.de abrufbar.

© Oertel + Spörer Verlags-GmbH + Co. KG · 2009
Postfach 16 42 · 72706 Reutlingen
Alle Rechte vorbehalten. Schrift: 10 pt Meta
Satz und Reproduktion: Deuschle Werbeagentur, Reutlingen
Druck und Bindung: Oertel + Spörer Druck und Medien-GmbH + Co., Riederich
Printed in Germany
ISBN: 978-3-88627-431-4

Inhalt

Der Listplatz, wie ihn nur noch die Älteren kennen.

Vorwort

Ironische Zungen beschrieben Reutlingen vor wenigen Jahrzehnten noch so: »Wem es hier gefällt, dem gefällt es überall.« Und tatsächlich – Reutlingen besaß recht wenige attraktive Ecken. Diese lagen obendrein versteckt und ließen sich daher vom oberflächlichen Betrachter nicht entdecken. Die Stadt hatte eben in der Vergangenheit viel abbekommen.

Von den schlimmen und zerstörerischen Ereignissen war zweifelsohne der große Stadtbrand 1726 das verheerendste, vier Fünftel der Gebäude innerhalb der Stadtmauer wurden vernichtet. Die Häuser mussten danach mit den wenigen in jener Zeit zur Verfügung stehenden Mitteln wieder aufgebaut werden. Für Zierrat an den Fassaden fehlte den Bürgern das Geld und so säumten nun wenig attraktive Zweckbauten die alten Gassen.

Dann, im Zweiten Weltkrieg, bombten die Alliierten regelrechte Schneisen durch die Stadt, wobei aber rückblickend die Generation unserer Eltern und Großeltern noch Glück im Unglück hatte. In den letzten Kriegstagen war ein finaler Nachtanflug geplant, der den Rest der Stadt in Schutt und Asche legen sollte. Ein beleuchteter Ballon, den Verräter aufsteigen ließen, sollte den Piloten zeigen, wo sich die Kernstadt befand und die Bombenschächte geöffnet werden mussten. Doch der Wind drehte glücklicherweise in der Nacht von West nach Ost und der Bombenhagel ging über dem Wasenwald nieder. Noch heute sind dort die tiefen Bombentrichter zu erkennen. Das einzige Gebäude, das bei dem Angriff wirklich gefährdet wurde, war das Reutlinger Schützenhaus, aber auch dieses schöne Jugendstilgebäude aus dem Jahr 1923 bekam glücklicherweise keinen Kratzer ab. Es beheimatet noch heute den ältesten Verein Baden-Württembergs, die Schützengilde Reutlingen 1290 e.V.

Alte Dokumente, etwa die Stadtansichten und Stiche von Merian, Riegel, Baumann und Ditzinger, bezeugen, dass die ehemals mit einem mächtigen Mauerring umgebene und mit unzähligen Türmen und Toren dekorierte freie Reichsstadt Reutlingen schöner als Tübingen war. Von anderen Städten wurde häufig behauptet, abends würden die Bürgersteige hochgeklappt. In Reutlingen wurde diese Phrase jedoch selten ausgesprochen. Auch wenn die Wilhelmstraße und der Marktplatz nachts wie ausgestorben waren, irgendwo anders war immer was los.

Die Stadtverwaltung machte es der Innenstadtgastronomie schwer, zum Beispiel war meist die Außenbestuhlung untersagt und für fehlende Parkplätze musste ordentlich bezahlt werden, daher hielt sich damals das Kneipenangebot in Grenzen. Heute hat sich das glücklicherweise gewandelt. An lauen Abenden kann in vielen Cafés und Gaststätten des gesamten Kernstadtbereichs im Freien gesessen werden. Keine Frage, Reutlingen hat sich in den letzten Jahren mächtig gemausert. Die »kleine Großstadt« ist wieder attraktiv. Dies wird von allen Besuchern bestätigt. Zugezogene fühlen sich in kurzer Zeit heimisch und beschließen meist auch hierzubleiben.

Wir, die wir damals in Reutlingen aufwuchsen, vermissten nur wenig. Unsere geliebte Stadt ließ es uns an nichts fehlen. Lassen Sie diese Jahre doch noch einmal Revue passieren und freuen Sie sich über Erinnerungen an diese Zeit. Viel Spaß dabei wünscht

Thomas Deuschle

Hineingeboren ins Wirtschaftswunder

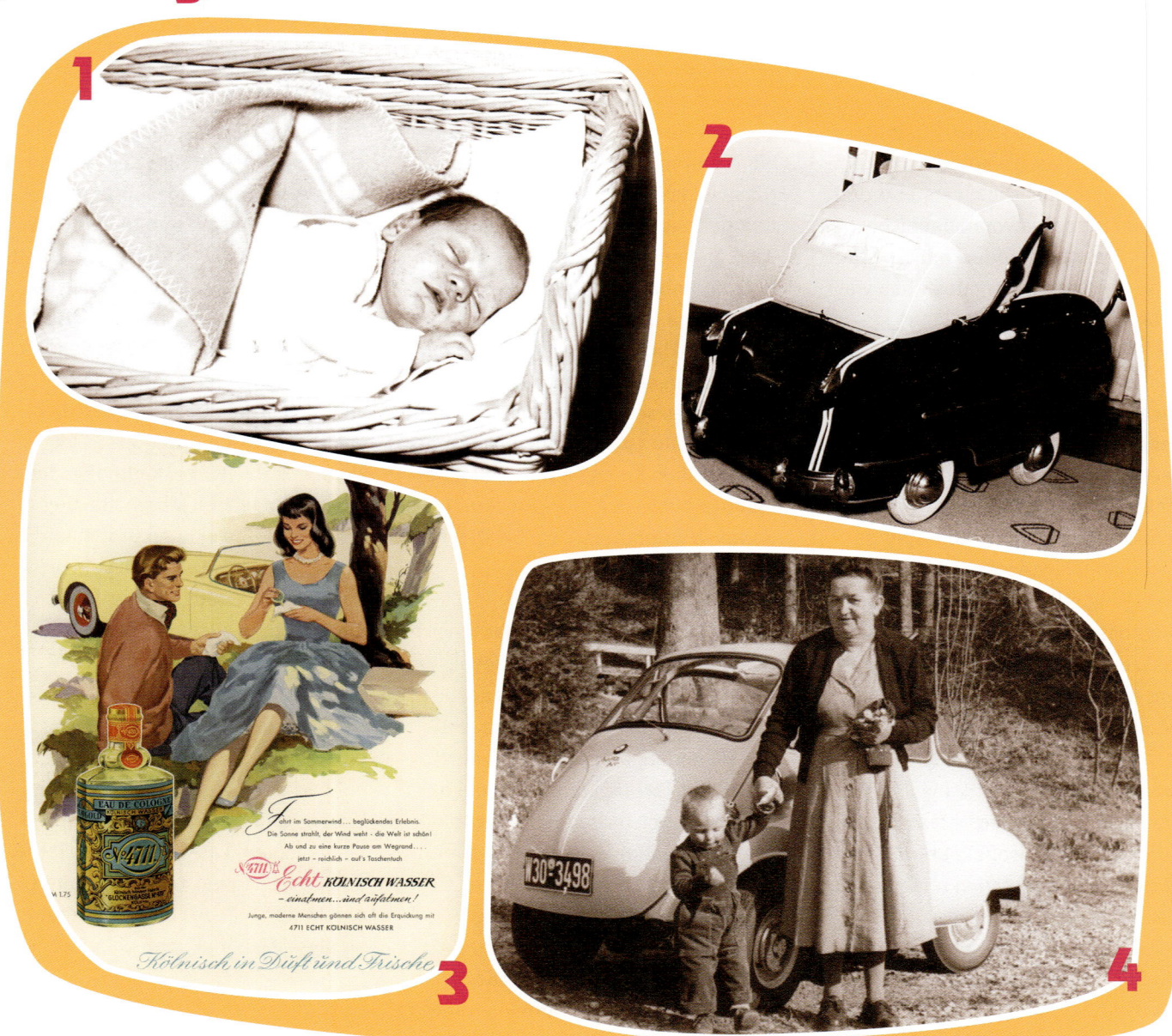

Reutlingen – Stadt der Millionäre?

Damals – Mitte der Fünfziger – galt Reutlingen als die Stadt mit den meisten Millionären Deutschlands. Ob dies nun so war oder nicht, in Reutlingen lebte tatsächlich eine Menge wohlhabender Familien. Sicherlich lag dies daran, dass unsere Stadt sich nach den Kriegsjahren eine ungewöhnliche industrielle Infrastruktur zugelegt hatte. Anders nämlich als in anderen Städten ähnlicher Größe, in denen meist einzelne Großkonzerne ansässig waren, die Tausenden von Menschen Arbeit boten und in ihrer Stadt damit eine Alleinstellung hatten, verteilten sich in Reutlingen die Arbeitsstellen auf einige Dutzend Betriebe unterschiedlicher Branchen. Schweinfurt zum Beispiel lebte nur von Kugellagern (SKF) und Zweitaktmotoren (Fichtel & Sachs). Allein 77 Unternehmen aus der Textil- und Bekleidungsindustrie hatten sich in Reutlingen angesiedelt und bestätigten den hochgesteckten Anspruch der Stadt, das Textilzentrum Deutschlands zu sein. 39 Betriebe gehörten in den Bereich Maschinenbau und 61 Betriebe waren anderen industriellen Branchen zugeordnet, etwa der Herstellung von Kameras, Hülsen, Spültischen und Federn. Wie heißt es in einer alten Stadtbeschreibung der Fünfzigerjahre: »Reutlingen hat keine Industrie, Reutlingen ist Industrie.« Diese zahlreichen Unternehmen gaben etwa 25.000 Menschen Arbeit. Dazu kamen viele kleine und mittlere Handwerksbetriebe. Von den 177 Industriebetrieben der Stadt befand sich der allergrößte Teil im Besitz reicher Familien, deren Wohlstand bis heute von bombastischen Villen an der Achalm bezeugt wird. Die ersten Villen der boomenden Reutlinger Gründerzeit säumten die Planie und den Panoramaweg. In den 1950er- und 1960er-Jahren wurden dann die Straßen am Hang der Achalm, etwa »Der Schöne Weg«, mit Prachtbauten bestückt – Millionärsvillen eben. Familiennamen wie Gminder, Stoll, Kurtz-Wangner, Wagner, Keim, Haux, Fallscheer (Emil Adolff), Dangelmaier (Dakora-Kamerawerk), Lachenmann (Verleger des General-Anzeigers) und Dr. Förster konnte man auf den Türschildern lesen.

Neben dieser Oberschicht hatte unsere Stadt auch eine gut besetzte Mittelschicht, die sich aus Handwerksbetrieben und Händlern gebildet hatte.

1 Auch im Wäschekorb ist gut ruh'n
2 Kinderwagen im Stil der Amischlitten
3 Werbung: Die Bevölkerung will kaufen
4 Oma und Enkel vor Papas Isetta

1960–1969

Was in Deutschland und der Welt geschah

Dieses Jahrzehnt ist geprägt vom Kalten Krieg. Atomares Wettrüsten der beiden Supermächte USA und UdSSR hielt uns in Atem. Entwicklungen in Raumfahrt- und Satellitentechnik verschlingen auf beiden Seiten Unmengen an Geld. Die deutsch-deutschen Beziehungen sacken auf den Gefrierpunkt ab. Studentenproteste weiten sich über den ganzen Globus aus: gegen Hunger, Rüstung, Atomkraft, Diskriminierung und Rassenhass. Die Jugend geht auf Kundgebungen: für Frieden und Freiheit, für Liebe und Gerechtigkeit.

Die Entkolonialisierung Afrikas und Asiens überschlägt sich. Die westdeutsche Wirtschaft boomt. Die Arbeitslosenquote liegt unter einem Prozent.

1960

Januar
- *Piccard erreicht mit seinem Tiefseetauchboot den Boden des Marianengrabens im Pazifik – in 10.910 Metern Tiefe.*

Februar
- *Die USA und die UdSSR beschließen in Genf, Kernwaffenversuche zu beenden.*
- *Bei einem Erdbeben in Agadir/Marokko kommen 10.000 Menschen ums Leben.*

März
- *Im Kanton Genf wird das Wahlrecht für Frauen eingeführt.*

April
- *Die USA bringen den ersten Navigationssatelliten in den Orbit. Er dient Schiffen und Fliegern zur Positionsbestimmung.*

Natürlich gab es auch die Arbeiterklasse, die jedoch recht verhätschelt war, denn die Unternehmen hatten in diesen anhaltenden Boomzeiten der Wirtschaft permanent Bedarf an gutem Personal. Reutlingen brummte, die Arbeitslosenzahlen waren kaum erwähnenswert und wer einen neuen Job suchte, wurde sehr schnell fündig.

Das war nicht immer so: Eine Oberamtsbeschreibung von 1824 berichtet: »Fabriken im engeren Sinne hat Reutlingen nicht. Nur zwei Papiermühlen und eine Pulvermühle.« Jene flog übrigens 1852 letztmals in die Luft.

Es soll nicht unerwähnt bleiben, dass Reutlingen den Aufstieg zur florierenden Industriestadt nicht zuletzt der starken Anziehungskraft zu verdanken hatte, die sie auf unternehmerische Persönlichkeiten ausübte. Einerseits sicherlich, weil die Reutlinger als hervorragende und fleißige Arbeiter galten, und andererseits, weil die Eisenbahnlinie Tübingen–Stuttgart durch Reutlingen führte. So kamen die Gminders aus der Schweiz, die Eisenlohrs aus Ulm, die Krimmels aus Ebingen und die Stolls aus Riedlingen, Gustav Wagner aus Kirchheim und Emil Adolff aus Backnang. Gustav Werner, auch »Vater Werner« genannt, kam aus Zwiefalten. Er gründete die Papier-

fabrik zum Bruderhaus. Von den aufgezählten Betrieben überlebte aber nur einer – die Strickmaschinenfabrik Stoll. Alle anderen mussten schließen oder wurden geschlossen, denn insbesondere die deutsche Textilindustrie hatte es zunehmend schwer, ihre Position im knallharten internationlen Preiswettbewerb zu behaupten. Es waren die Reutlinger Unternehmen aus dem Bereich der Textilmaschinen, die damals bereits einen extrem hohen Exportanteil auswiesen. Strick-, Wirk-, Spul- und Textilveredelungsmaschinen gingen in alle Welt – und alle Welt produzierte danach die Textilien günstiger als die Deutschen. In den Zeiten des industriellen Aufschwungs jedoch akquirierten die bis weit über die Stadttore hinaus bekannten Unternehmen ihre Mitarbeiter aus allen Teilen Deutschlands. Das ist auch der Grund, warum in den Straßen Reutlingens nicht nur Schwäbisch, sondern ganz verschiedene deutsche Dialekte zu hören waren.

Vor Beginn des Zweiten Weltkriegs hatte Reutlingen 39.000 Einwohner. Unmittelbar nach dem Krieg zwangsläufig noch erheblich weniger. Mitte der Fünfzigerjahre lebten dann wieder mehr als 60.000 Bürger in der Stadt, verursacht durch die Belebung der Wirtschaft. Der große Bedarf an

Arbeitskräften wurde durch Tausende von Vertriebenen gedeckt, Schlesier, Sudetendeutsche, Ostpreußen und Donauschwaben, die sich nach Kriegsende in Reutlingen ansiedelten. Diese Entwicklung wurde noch verstärkt durch staatliche Umsiedlungsmaßnahmen aus der damaligen sowjetisch besetzten Zone, der späteren DDR. Es war fast normal, dass viele der Schulfreunde, und vor allem ihre Eltern, eine andere Mundart sprachen. Wir machten uns darüber keine Gedanken. Die Kinder der Gastarbeiter, zunächst meist Italiener, kamen erst später. Sie folgten ihren Vätern nach, die hier bereits seit den frühen Sechzigern als willkommene Arbeiter heimisch wurden.

Schon 1958 schloss Reutlingen mit einer französischen Stadt einen Partnerbund, mit Roanne. Diese schöne Stadt liegt in der Region Rhône-Alpes, westlich von Lyon am Ufer der Loire, und ist – ähnlich wie Reutlingen auch – geprägt von der Textilindustrie und dem Maschinenbau. Es war die fünfzehnte deutsch-französische Städtepartnerschaft, die überhaupt geschlossen wurde. Eine freundschaftliche Brücke wurde geschlagen, und sie wurde und wird fleißig begangen. Die Stadtoberen, aber vor allem Vereine, Verbände und

Schulen, stehen in lebendigem Kontakt miteinander. Eine große Anzahl Jugendlicher ist so im Laufe der Jahre in irgendeiner Form in Kontakt mit Gleichaltrigen aus Roanne gekommen. Sehr aktiv war auch die Verbindung zu Ellesmere Port in Großbritannien. Zu dieser westenglischen Stadt wurde die Partnerschaft 1966 besiegelt. Meist im Rahmen des Schüleraustauschs wuchsen Freundschaften, die teilweise bis heute Bestand haben. Zur afrikanischen Partnerstadt Bouaké, ab 1970 im Bunde, entstanden jedoch nur wenige Berührungspunkte. Zu groß waren wohl der kulturelle Unterschied und die räumliche Entfernung.

Neuer Wohnraum entstand

Wohnsiedlungen entstanden rund um unsere Stadt und Mehrfamilien- und Reihenhäuser schossen hier wie Pilze aus dem Boden. In den Jahren zwischen 1950 und 1970 entstanden Tausende von Gebäuden in 11 Siedlungen. In chronologischer Reihenfolge sind das: die Römerschanzsiedlung, das Betzenried, der Volle Brunnen, Ringelbach, die Nebenerwerbssiedlung Ohmenhausen, die Burgholzsiedlung, die Storlachsiedlung, Heppstraße, die Wildermuthsiedlung, der

Katzensteg und – Mitte der 1960er dann – die Gartenstadt Orschel-Hagen, die damals als Vorzeigetrabantenstadt bundesweit Aufmerksamkeit erregte. »Viel Grün« war die Devise des damaligen Baubürgermeisters Karl Guhl, und tatsächlich gelang es den Planern, um die Wohngebäude herum breite Rasenflächen anzulegen und alten Baumbestand teilweise zu erhalten. Insbesondere die Fernheizung, bis dato in unseren Wohngebieten völlig unbekannt, gab Anlass zu überregionaler Berichterstattung. Während die Familien in anderen Siedlungen samstags immer ihre mit Holz beheizten Badeöfen anwarfen, musste in den Häusern in Orschel-Hagen lediglich der Heißwasserhahn aufgedreht werden. Die Heizung und das warme Wasser kamen aus dem zentralen Heizwerk. Selbst in der ARD lief ein Beitrag über diese moderne Art des Wohnens. Monika Weiß durfte als

Ein Reihenhaus – der Traum der Familie

Mai
- *In Berlin gehen am 1. Mai 750.000 Menschen für das Recht auf Selbstbestimmung auf die Straße.*

Juni
- *Der 1. FC Köln wird deutscher Fußballmeister.*
- *Madagaskar löst sich von Frankreich und wird unabhängig.*

Juli
- *Auf Initiative Adenauers wird das Zweite Deutsche Fernsehen gegründet.*
- *Kongo meutert gegen die belgischen Kolonialherren.*

August
- *Zwei Hunde kehren im Sputnik 5 wohlbehalten aus dem Weltraum zurück.*
- *Zypern, britische Kronkolonie, trennt sich vom Mutterland, Gabun und Obervolta von Frankreich.*
- *G. D. Searle Drug bringt die Antibabypille auf den Markt.*
- *In Rom werden die 17. Olympischen Spiele eröffnet.*

September
- *Walter Ulbricht wird Staatsratsvorsitzender der DDR.*
- *Kuba verstaatlicht alle US-Banken.*

Oktober
- *Nigeria wird unabhängig.*

November
- *Clark Gable stirbt 59-jährig.*
- *John F. Kennedy wird der erste katholische Präsident der USA.*
- *Mauretanien löst sich aus der französischen Kolonialherrschaft.*

Dezember
- *Beim Absturz eines US-Verkehrsflugzeuges kommen in München 49 Menschen ums Leben.*

Luftbild von Orschel-Hagen; hier noch als Großbaustelle zu sehen.

Elfjährige ein kleines Gedicht vortragen. Sie saß dabei auf der Stufe vor der Eingangstür des gerade eben fertiggestellten Reihenhauses ihrer Eltern.

Die GWG (Gemeinnützige Wohnungsgesellschaft) achtete als Bauträger aller dieser sozialen Wohnsiedlungen darauf, dass sich in den jeweiligen Zentren der Siedlungen auch eine lokale Infrastruktur entwickeln konnte. Bäcker, Metzger, Schreibwarenläden, Feierabendkneipen und kleine Lebensmittelläden machten das Leben angenehm. Auch Kirchen, Postämter, Arzt- und Zahnarztpraxen, Apotheken

sowie Polizeistationen waren in den größeren Siedlungen zu finden.
In der Römerschanze gab es sogar ein Kino. Es war aber noch lange nicht selbstverständlich, dass jede Familie auch ein Automobil vor der Tür stehen hatte. Der Bedarf an Nahrungsmitteln wurde täglich frisch gedeckt. Verbrauchermärkte und Discounter auf der grünen Wiese gab es noch nicht, sie entstanden erst nach und nach, parallel zur Motorisierung der Bevölkerung.

Die ersten Reihenhäuser der Römerschanzsiedlung waren für gerade einmal 12.500 DM zu erwerben – mit

einem kleinen Garten dabei, versteht sich. Die neuen Eigentümer legten ihr Stückchen Grün häufig als Nutzgarten an, denn insbesondere für die Vertriebenen waren ein paar Quadratmeter Gemüsebeet von großem Wert. In den ehemaligen deutschen Gebieten hatten die meisten von ihnen einen Garten bewirtschaftet, in dem Bohnen, Tomaten, Gurken und Paprika angebaut wurden. Selbst Kartoffeln reiften in den schmalen Gärtchen der ebenso schmalen Straßen der Römerschanzsiedlung. Sie tragen bis heute die Namen der alten Heimat, etwa Breslauer, Danziger oder Stettiner Straße.

Aber auch die relativ geringe Summe, die für ein eigenes Häuschen aufzubringen war, musste erst einmal abbezahlt werden. Die Einkommen waren dürftig: Hausmädchen waren mit 180 Mark im Monat gut bezahlt. Ein Facharbeiter in den Industriebetrieben verdiente monatlich zwischen 300 und 400 Mark. Der bundesdeutsche Preisindex für die Lebenshaltung stieg von 1960 bis 2007 von 31,2 auf 106. 100 Liter Heizöl kosteten damals zwölf und der Zentner Kartoffeln fünf Mark. Wenn man jedoch bedenkt, was Heizöl und Kartoffeln heute inflationsbereinigt kosten, muss ein Arbeiter heute wohl genauso lange dafür arbeiten.

> *Einer aus unserer Schulklasse poussierte mal mit einem Mädchen aus der Sickenhäuser Straße. Als er zu Hause während des Mittagessens von seiner neuen Flamme berichtete, muss sein Vater ganz aufgebracht gefragt haben: »Welche Hausnummer?« Als er vernahm, dass die Hausnummer nur zweistellig war, wandte er sich beruhigt wieder seinem Teller zu. Die Hausnummern am »Kleinen Bol« waren alle dreistellig. Im unteren Abschnitt der Sickenhäuser Straße ging es aber durchaus bürgerlich zu.*

Eine kleine Siedlung entstand in der Sickenhäuser Straße, weit vor den Toren Reutlingens im Gewand Engelloch. Alle nannten sie »Der Kleine Bol«. Ziemlich schnell verkam die Siedlung und kam in Verruf, eine »Asozialensiedlung« zu sein. Reutlingens Sozialamt wies dort bevorzugt sozial schwachen Familien, die keine Bleibe hatten, Wohnraum zu.

Wer »im Bol« wohnte, der taugte nichts, da waren wir uns alle einig. Man müsse dort Markstücke in einen Automat in der Waschküche stecken, damit der Stromzähler läuft, so wurde gemunkelt, und dass, wenn eine Scheibe zu Bruch ging, diese nicht ersetzt würde. Tatsächlich war diese isoliert gelegene Siedlung in einem sehr verwahrlosten Zustand. Wer es sich irgendwie leisten konnte, zog von

dort weg. Die meisten der Bewohner waren Trinker, so lästerte man, die ihren Wochenlohn brav in der Stammkneipe ablieferten. Es ging daher auch das Gerücht um, dass die Ehefrauen vieler Bolbewohner sich an den Freitagen in den Lohnbüros der verschiedenen Unternehmen einfanden, um vor ihren Männern den Wochenlohn abzuholen.

Aus dem Geschäftsleben

Vergleicht man die Infrastruktur der Fünfzigerjahre mit der heutigen, dann wird deutlich, wie viel sich doch geändert hat. Vor fünfzig Jahren gab es in Reutlingen: neun Viehhändler, nur sieben Apotheken, aber elf Drogerien. Drogeriemarktketten existierten noch lange nicht. In insgesamt zehn sogenannten Aussteuergeschäften wurde die Erstausstattung junger Ehepaare gekauft: Bett- und Tischwäsche, Handtücher und solche Dinge.

Sage und schreibe 26 Autovermietungen gab es in der Stadt – vermutlich aber wurde das Auto mit Fahrer vermietet, als Variante der Taxifahrer – elf Kohlenhändler, sechzehn Buchdruckereien, aber nur eine Offsetdruckerei, zwei Eisdielen, die damals schon Soravia und Lazzarin hießen,

1961

Januar
- Die USA schicken den Schimpansen Ham in den Weltraum. Glückliche Landung, das Tier kehrt wohlbehalten zurück.
- Portugiesische Rebellen kapern den Luxusdampfer Santa Maria mit über 1.000 Personen an Bord.

Februar
- Henry Kissinger wird Sonderbeauftragter für nationale Sicherheit der USA.
- China erleidet nach Missernten eine Hungersnot.

März
- Franz Josef Strauß wird Vorsitzender der CSU.
- Die Schweizer entscheiden sich in einer Volksabstimmung gegen eine Benzinpreiserhöhung.

April
- Jurij Gagarin startet in der Wostok 1 als erster Mensch in den Weltraum. Der Flug dauert 1 Stunde und 48 Minuten. Dabei wird die Erde einmal umrundet.
- Die USA versuchen durch die Landung in der Schweinebucht das Castro-Regime zu stürzen – ohne Erfolg.

Mai
- Die USA entsenden Einheiten, um Südvietnam im Guerillakrieg zu unterstützen.
- Fidel Castro proklamiert Kuba zum sozialistischen Staat.

Juni
- Kuwait löst sich von Großbritannien und wird ein unabhängiges Fürstentum.
- Irak erhebt Anspruch auf Kuwait.
- Der Südpolvertrag tritt in Kraft, er regelt die friedliche Nutzung des Kontinents für alle Staaten.

Juli
- Israel startet mit Erfolg eine Mehrstufenrakete.

67 Damenschneider, immerhin sechzehn Grafiker, ebenfalls sechzehn Heißmangeln, siebzehn Gipser (fünf davon aus dem »Kimmerle-Clan«), 81 Malergeschäfte, 82 Lebensmittelhändler (Kaiser's und Pfannkuch waren die Einzigen, die damals schon einer Kette angehörten). Der einzige Händler für Fernsprecheinrichtungen hieß Wandel & Goltermann. Deren damalige Inhaber wären heute sicherlich erstaunt über die gewaltige Anzahl an Handyshops, die es mittlerweile in der Fußgängerzone gibt.

17 buchbare Musikkapellen spielten in den Gaststätten am Wochenende zum Tanz auf; Diskotheken waren noch nicht erfunden. Es gab 20 reine Milcher und einige von ihnen brachten die Milch sogar mit dem Milchauto bis vor die Haustür. Das lautstarke Gebimmel einer Messingglocke lockte die Hausfrauen in Kittelschürzen und ihre Milchkannen schlenkernd an die hochgeklappte Lade des weißen Lieferwagens. Drinnen pumpte ein pausbackiger Milcher die Kannen voll – pro Hub ein Viertelliter. Auch frische Butter, Eier und Käseprodukte konnten im mobilen Milchladen erworben werden. Der kurze Tratsch mit der Nachbarschaft beim Milchauto fehlte sicherlich später vielen der Frauen nachhaltig.

Reutlingen hatte eine Pferdeschlächterei (in der Stadtmauerstraße hinter dem Tübinger Tor), einen Schlachthof mit Freibank (Ledergraben) und vierzehn Polstermöbelgeschäfte, die es heute allesamt nicht mehr gibt. Fünfzehn Rechtsanwälte, zwölf reine Samenhändler und 45 Schuhmacher verdienten in der Stadt ihr Geld. Immerhin gab es damals bereits 22 Schuhgeschäfte in Reutlingen, die ihre Kundschaft von weit her anlockten.

Wir hatten 69 (in Worten: neunundsechzig!) Strickwarenfabriken im Stadtgebiet. Lediglich vier Tankstellen boten Benzin, und immer noch verdienten fünf Wagner ihr Geld mit ihrem Handwerk (das Pferdefuhrwerk hatte noch nicht ausgedient). Fünfzehn Uhrmacher hatten ebenso noch ihr Auskommen, denn die Quarzuhr war noch lange nicht erfunden.

Kreditwirtschaftliches Denken war insbesondere den Schwaben bis dato fremd. »Erscht schbahra – noh kaufa«, war die Devise. Dennoch gab es erste Ansätze, den Absatz von Gebrauchsgütern auf Ratenzahlung zu forcieren: Die Torpedo-Reiseschreibmaschine etwa war für lächerliche vier Mark Anzahlung und weitere 24 bequeme Raten zu haben.

Die Welt der Reklame

In dieser Zeit des wirtschaftlichen Aufschwungs hatten die Reutlinger Bedarf an allem. Die Anzeigen in den (meist noch einfarbig gedruckten) Zeitschriften, etwa der Quick oder der Revue, mussten nicht wirklich verkaufen, nicht beeinflussen, nein, ihre Aufgabe war es damals vor allem, ein neues Konsumprodukt bekannt zu machen. Verkauft hat es sich anschließend ganz von allein.

4711 Echt Kölnisch Wasser –
die Anzeigen waren aufwendig illustriert.

Knorr Hühner-Suppe –
die erste »Päckchensuppe« auf dem Markt

Die neue Kunstfaser *Diolen* war der absolute Verkaufsschlager der Bekleidungsindustrie.

»Man geht nicht mehr ohne Hut«, ist ein bis heute bekannter Slogan aus dieser Zeit.

Natürlich weiß auch bis heute jeder, was ein Männchen rauchen musste, damit es nicht in die Luft geht.

Das erste Opfer der Markenpiraterie war nicht etwa Lacoste oder Rolex, sondern ... *Knirps,* der Reiseregenschirm. Die Technik des faltbaren Schirmgestänges wurde gewissenlos und ohne Rücksicht auf Patentrechte von den Schirmherstellern in aller Welt nachgebaut.

Etwa »*Pitralon«,* das Rasierwasser, das sich in jenen Jahren zum Nonplusultra in der Männerkosmetik mauserte. Pitralon gab den Reisezügen und Omnibussen, zusammen mit »*Uralt Lavendel«,* »*Tosca«* und »*4711«* für die Damen, einen charakteristischen Duft.

Knorr erfand die Tütensuppe und Milkana den Streichkäse, eine Mischung aus Käse und Butter, der in dreieckige Form gegossen wurde – das gibt es erstaunlicherweise unverändert heute noch.

Eishampoo wurde vorsichtshalber Ei-Schaumpon genannt, da sich herausstellte, dass die des Englischen meist unkundigen deutschen Verbraucher häufig »Eis am Po« lasen und das Produkt in den Regalen stehen ließen. Sie hielten es womöglich für ein

Der kleine Rainer hatte eben Lesen gelernt. Im Badezimmer führte er dem großen Bruder stolz seinen neuen Kenntnisstand vor und las langsam die Buchstaben auf einer Haarshampooflasche vor: »Eis...am...Po«.

August
- Großbritannien, Irland und Dänemark erbitten Aufnahme in die EWG, der Europäischen Wirtschaftsgemeinschaft.
- Die DDR beginnt, den West- vom Ostsektor Berlins durch Zäune und Stacheldraht abzuriegeln. Der Mauerbau beginnt. 250.000 Westberliner protestieren gegen die Schließung der Sektorengrenze. Die USA erklären, dass sie den freien Zugang nach Berlin verteidigen werden.

September
- Graf von Trips verunglückt beim Formel-1-Rennen in Monza tödlich. Er reißt 16 Zuschauer mit in den Tod.
- Sierra Leone wird 100. Mitglied der UNO.

Oktober
- Die CDU verliert bei der Bundestagswahl die absolute Mehrheit und koaliert unter Adenauer mit der FDP.
- Amerikanische und sowjetische Panzer stehen sich in Berlin gegenüber, werden aber nach 16 Stunden wieder abgezogen.

November
- Konrad Adenauer wird zum vierten Mal zum Bundeskanzler gewählt.

Dezember
- Ein Personenzug durchbricht die Sektorengrenze nach Westberlin. Die Insassen erbitten politisches Asyl.
- Indische Truppen holen sich die portugiesischen Kolonien Goa, Daman und Diu.

1962

Januar
- Die DDR führt die allgemeine Wehrpflicht ein.
- In Algerien kommen bei Terroranschlägen der antigaullistischen Organisation Dutzende Menschen ums Leben.

Die Dekoration in den Schaufenstern erhielt einen gesteigerten Stellenwert. Sonnenschutzfolien kleideten alle Produkte in leuchtendes Orange.

Mittelchen gegen Hämorrhoiden. Wann wohl aus Rasierwasser Aftershave wurde?

Eltern wurde empfohlen, ihren Buben vor dem Spielen auf der Gasse *Wellaform* ins Haar zu geben, damit sie adrett aussähen. Heute schmieren sich die Buben selbst Haargel in die Frisuren. Allerdings nicht um »adrett« auszusehen, sondern eher um verwegen zu wirken.

Pfanni erfand das Kartoffelpüree aus der Tüte und damit einen Meilenstein des heute weit verbreiteten Convenience-Food-Trends (Convenience = Bequemlichkeit, Food = Essen.

Wörtlich übersetzt heißt es also »Bequemkost«).

Kukident-Haftcreme klärte in einer ganzseitigen Anzeige in der Quick über den monetären Verlust auf, falls bei einer lebhaften Schifffahrt mal das komplette Gebiss mit über Bord geht. Die Werbeleute sprachen über die unglaubliche Summe von 200 DM! Was man für diesen Betrag wohl heute vom Zahnarzt erhält? Bereits eine professionelle Zahnreinigung, von der Helferin durchgeführt, kostet derzeit fast so viel.

Pfanni erfand den Reibekuchen und das erste Kartoffelpüree aus der Tüte.

In heutigen Marketingseminaren wird gelehrt, dass Anzeigeninhalte innerhalb von Sekunden vermittelt sein müssen, die Werbetexter von damals waren jedoch noch regelrechte Literaten, denn deren Anzeigen glichen bebilderten Kurzgeschichten.

Die Leser, noch nicht so reizüberflutet wie heute, nahmen sich auch für Anzeigentexte viel Zeit. Überhaupt wurde man sich der Kraft der Worte in der Werbung in den Sechzigern erst so richtig bewusst. Gereimte Werbetexte sorgten für höhere »Merkwürdigkeit«. Wer kann die Claims der Sechziger vervollständigen?

Gereimte Werbetexte und Claims, die bis heute im Ohr sind:

Sei zu dir und andren nett – schenke Freude mit ... (Eszet)

Es ist nie zu früh und selten zu spät für ... (Diplona)

Wer kennt ihn nicht, den Mann mit dem Licht, er nimmt ... und er fühlt sich wohl. (Darmol)

Drei Dinge braucht der Mann: Feuer, Pfeife, ... (Stanwell).

Und wer weiß, was »Frauen lieben«? (Bauknecht)

Was sich sonst so tat damals vor fünfzig Jahren ...

- Jojos erobern die Welt, der Hula-Hoop-Reifen kommt erst Jahre später groß raus.
- Lilo Pulver ist die populärste deutsche Schauspielerin.
- »Konnie« Adenauer macht trotz Knautschgesicht und Kölner Gassenslang erneut das Rennen um den Regentenstab und wird Kanzler.
- Eine Meldung über die russische Raumfahrt endet mit der Frage: »Überlebt die Hündin Laika wohl die 900 km über der Erde, und wenn, wann wird dann wohl der erste Mensch Weltraumfahrer sein?
- Ein Minister antwortet, danach befragt, wie viele Beamte wohl auf seinem Ministerium arbeiten, mit bittersüßem Lächeln: »Ich schätze kaum mehr als jeder zwölfte.«
- Queen Elisabeth ist eine sehr gut aussehende Frau mit unglaublicher Medienpräsenz. Auch Hilde Knef, Romy Schneider und die Monroe können sich durchaus sehen lassen.
- In Gina Lollobrigida sind wohl unzählige Männer verliebt.
- Edixa erfindet die Spiegelreflexkamera.

- Das Gasfeuerzeug wird erfunden und entzückt die Raucher, weil der erste Zug weder nach Schwefel noch nach Benzin schmeckt. Und apropos Raucher: Die Medien quellen über vor Zigarettenwerbung. Kaum ein Promifoto in der Zeitung ohne qualmende Zigarette in der Hand.
- Alle Deutschen fragen sich: »Wann werden wir Deutsche wieder ›Stille Nacht, heilige Nacht‹ miteinander singen können?« Das Kürzel »DDR« wird von allen Medien gemieden. Man spricht von Mitteldeutschland oder der SBZ, der Sowjetischen Besatzungszone.
- Hans Albers ist ein noch fetziger junger Bursche.
- »Pan Am« setzt als erste Airline einen »Düsen-Clipper« als Transatlantikflieger ein – die legendäre Boeing 707.
- In Garching bei München wird, ohne jeden erwähnenswerten Widerstand der noch nicht existierenden Umweltaktivisten, das erste Atom-Ei Deutschlands errichtet.
- Ein gewisser Uwe Seeler entwickelt sich zum zukunftsträchtigen Fußballspieler.
- Die Post hat ein Problem mit Kunden, die heimlich am Postschalter ihre Füllfederhalter mit posteigener Tinte nachfüllen.

Februar
- *Kennedy verhängt ein Handelsembargo gegen Kuba.*
- *Bei einem Grubenunglück bei Völklingen kommen 298 Bergleute ums Leben.*
- *Frankreich und Algerien einigen sich über einen Waffenstillstand.*
- *Eine Sturmflut in Hamburg fordert Hunderte von Menschenleben.*

März
- *Der oberste Gerichtshof der USA ordnet die Aufhebung der Rassentrennung für ein Restaurant in Memphis, Tennessee, an.*

April
- *Nach vier Jahren Bauzeit stoßen im großen Sankt-Bernhard-Tunnel die italienischen und die schweizerischen Bautrupps aufeinander.*

Mai
- *Der ehemalige SS-Sturmbannführer Adolf Eichmann wird in Jerusalem durch Erhängen hingerichtet.*

Juni
- *Die ESRO, Europäische Organisation für Raumforschung, wird in Paris gegründet.*
- *Brasilien wird Fußballweltmeister.*

Juli
- *Die USA testen mit Erfolg ein neues Raketenabwehrsystem.*

August
- *Marylin Monroe stirbt nur 36-jährig an einer Überdosis Schlaftabletten.*
- *Jamaika wird nach 307-jähriger britischer Verwaltung unabhängig.*
- *Hermann Hesse stirbt in der Schweiz.*

September
- *29 Ostberlinern glückt die Flucht durch einen Tunnel.*

Eine unbeschwerte Kindheit

Tante Gertrud & Co.

Die Geburtenraten stiegen rasant, viele der Mütter mussten oder wollten aber trotzdem arbeiten gehen. Darum boomten die Kindergärten. Viele wurden im Zuge des Siedlungsbaus neu errichtet und hatten bereits Toiletten und Waschbecken, die an die kleinen Benutzer angepasst waren.

Jedes Kind hatte – wie heute auch – sein eigenes Symbol an der Garderobe und an seinem Fach. Eine Schildkröte, ein Gänseblümchen, einen Regenschirm, ein Häuschen, einen Baum oder einen Dampfer. So kam es zu keinen Verwechslungen.

Wir trugen Überschuhe aus Stoff mit Gummizug und Ledersohle, weil es im Sommer ja ständig rein- und rausging. In der kalten Jahreszeit mussten wir unsere Hausschuhe mitbringen. Unsere Mütter hängten uns allmorgendlich die »Kinderschülesdäschla« um den Hals, darin der tägliche Beweis der Mutterliebe: unser Vesperbrot.

Kindergarten in der Römerschanzsiedlung

Ein Apfel war meist noch dabei. Den Früchtetee gab es im Kindergarten von den Tanten.

Die Erzieherinnen hießen damals noch Tanten. Tante Gertrud war schon fast im Rentenalter und wir alle liebten und respektierten sie in gleichem Maße. Sie trug eine weiße, gestärkte Kittelschürze als Arbeitskleidung.

Wenn sich eines der Kinder einmal derb danebenbenahm, etwa wenn es in einem Zweikampf den Gegner bespuckt hatte, gab es schon auch mal kräftig eins auf die Backe. Obendrein musste sich der Geohrfeigte peinlich lange in die Mitte des Kreises setzen, damit jeder sehen konnte, wie es dem ergeht, der sich nicht »tantenkonform« verhält. Das war hart, aber jeder überlegte sich fortan zweimal, zu

---

1 *Einweihung Lehrschwimmbecken der Hermann-Kurz-Schule mit OB Kalbfell*
2 *Ludwig-Finckh-Schule*
3 *Für Rainer Mauser geht der Ernst des Lebens los. Man sieht's ihm an.*
4 *Die Buben der 4. Klasse der Matthäus-Beger-Schule 1965*

Oktober
- *China und Indien tragen einen Grenzkonflikt aus.*
- *Kennedy und Chruschtschow diskutieren über Kuba.*

November
- *Die SPD fordert wegen der »Spiegelaffäre« den Rücktritt von Verteidigungsminister F. J. Strauß.*

Dezember
- *Die US-Raumsonde Mariner 2 sendet 40 Minuten lang Daten von der Venus zur Erde.*
- *Europa erlebt einen extrem harten Winter.*

1963

Januar
- *Adenauer und de Gaulle unterzeichnen einen Freundschaftsvertrag.*

Februar
- *Bei der Wahl zum Berliner Abgeordnetenhaus erlangt die SPD 61,9 %.*
- *Marika Kilius und Hans Jürgen Bäumler werden Weltmeister im Eiskunstlauf.*

März
- *Brandt wird zum dritten Mal regierender Bürgermeister von Berlin.*

April
- *Das ZDF nimmt seinen regelmäßigen Sendebetrieb auf.*

Mai
- *Die USA starten das Raumschiff Mercury 9 mit Gordon Cooper an Bord. 22 Erdumrundungen – Rekord.*

Juni
- *Papst Johannes XXIII. stirbt 81-jährig. Paul VI. wird gekrönt.*

19

Sandkasten im Waldorfkindergarten

welchen Mitteln er in einem Kampf griff. Balgen war in allen Facetten erlaubt. Wenn es danach jemanden zu trösten galt, war Tante Gertrud stets zuverlässig zur Stelle.

Die Schule beginnt

Mit sechs oder sieben war die Kindergartenzeit dann zu Ende und der wahre Ernst des Lebens begann. Wir wurden stolze Abc-Schützen mit selbst gebastelten Schultüten. Sie waren vollgestopft mit Süßigkeiten, Malstiften und anderen brauchbaren Dingen, die von der Verwandtschaft und den Nachbarn kamen. Unsere Fibel hieß »Mein erstes Buch«.

Hans und Dora, Otto und Else waren die Protagonisten, die uns fortan ein gutes Stück im Unterricht begleiteten. Was für altmodische Namen, dachten wir damals. Denn wir hießen Thomas und Sabine, Susanne, Michael, Karin und Andreas, um nur einige der damaligen Modenamen zu nennen.

Manche Schüler trugen neue Tornister auf ihren schmalen Schultern, die meisten jedoch mussten mit den bereits getragenen, ledernen Schulranzen vom älteren Bruder oder vom Nachbarskind, das ins Gymnasium wechselte, vorliebnehmen. Ab der ersten Klasse der Oberschule (mit Klasse 5 wurde erst ab 1969 weitergezählt), packte nämlich jeder seine Schulbücher in Schulmappen, die lässig unter dem Arm getragen

Waldorfkindergarten mit Tante

Unsere Fibel, Umschlag und Innendeckel

Einschulung in der Gartentorschule

Unterschied gab. Unsere Ranzen rochen beim Öffnen immer charakteristisch nach einer Mischung aus Wachsmalstiften, Butterbrot und Leder. Erstaunlich, dass sich dieser Geruch jederzeit abrufbereit ins Gedächtnis eingeprägt hat. In den ersten paar Monaten der Erstklässlerzeit wurde in mancher Volksschule noch mit Kreide auf Tafeln geschrieben. Schulhefte bekamen wir erst nach den Sommerferien. Damals erfolgte die Einschulung noch an Ostern. Erst mit den beiden Kurzschuljahren 66/67 wurde auf den Schuljahreswechsel im Herbst umgestellt.

Die Söhne und Töchter der Fabrikanten saßen neben den Arbeitersprösslingen, da damals konsequent nach Bezirk eingeschult wurde. Heute würde wohl kaum einer der »Oberen Zehntausend« seinen Sohn oder seine Tochter in eine Grundschule einschulen, die einen Migrantenanteil von 80 % hat.

wurden, und konnte somit getrost seinen Ranzen an Geschwister weitervererben. Mit elf konnte man sich doch nicht mehr mit einem Schulranzen auf dem Buckel zeigen! Die Bubenranzen waren unten gerade und konnten auch auf den Boden gestellt werden, die der Mädchen waren unten rund und mussten an die Haken der Holztische gehängt werden. Keiner vermochte zu sagen, warum es diesen Design-

Das ganze Klassenzimmer war voller Menschen: wir Abc-Schützen, unsere Eltern, Opas und Omas. Jeder von uns wurde aufgerufen, musste nach vorn zum Pult, um der Lehrerin – unserer ersten Lehrerin – brav die Hand zu schütteln. Mädchen knicksten, Buben machten den Diener. Bis einer gegen Ende der Liste theatralisch die Hand der Lehrerin küsste. Zu allem Überfluss trug er auch noch eine schwarze Fliege um den Hals. Wir, die wir schon vorne gewesen waren, standen da und guckten doof. Hatten wir da etwas falsch gemacht? Gehörte ein Handkuss ebenfalls zum Einschulungs-Prozedere? Glücklicherweise klärten die Eltern schnell auf, dass dies keiner zu tun hätte und dass der eine eben einen besonderen Stil hätte.

- Irans Schah Reza Pahlewi weist den Anführer der Schiiten Ayatollah Chomeini aus. Er geht ins Exil in den Irak.
- In Saigon verbrennt sich ein Mönch aus Protest gegen die Unterdrückung des Buddhismus.
- Kennedy prägt den legendären Satz vor dem Schöneberger Rathaus: »Ich bin ein Berliner.«

Juli
- Eine Militärjunta übernimmt die Macht in Ecuador.
- In Skopje, Jugoslawien, sterben 1.000 Menschen durch ein Erdbeben.

August
- Der Postzug Glasgow–London wird ausgeraubt. Die Gangster erbeuten 28,5 Mio. DM und entkommen unerkannt.
- Das erste Spiel der neu geschaffenen Bundesliga findet statt.
- Martin Luther King führt einen Marsch auf Washington an, an dem 200.000 Menschen teilnehmen.

September
- In Zürich stürzt eine Caravelle der Swissair ab. 74 Menschen kommen um.

Oktober
- Konrad Adenauer tritt nach 14 Dienstjahren als Bundeskanzler ab. Ludwig Erhard wird sein Nachfolger.
- In Lengede ereignet sich ein Grubenunglück, bei dem 29 Bergleute ums Leben kommen. 11 werden mit der Dahlbuschbombe spektakulär gerettet.

November
- John F. Kennedy wird in Dallas von dem Heckenschützen Harvey Oswald ermordet.
- Die Europabrücke bei Innsbruck wird eröffnet.

Schulchor der Storlachschule 1964

Durch dieses Nebeneinander von Arm und Reich ergab es sich, dass in den Klassen der Volksschule alle sozialen Schichten vertreten waren. Markenwahn und Labelzwang bei den Klamotten gab es noch nicht. Die unterschiedlich gefüllten Geldbeutel der Eltern waren nicht an den Jeans zu erkennen. Anders als bei den Erwachsenen gab es dicke Freundschaften zwischen Schulkindern aus ärmeren und reicheren Familien. Vermutlich gibt es das auch heute noch, die äußeren Merkmale scheinen jedoch sehr viel wichtiger geworden zu sein.

Nicht bei allen beliebt war das Aufsatz-Standardthema »Mein schönstes Ferienerlebnis«, das mit großer Regelmäßigkeit in jedem neuen Schuljahr von der kriegsbedingt etwas überalterten Lehrerschaft penetrant eingefordert wurde. Zu groß waren da die Unterschiede der Urlaubsdestinationen. Zu viele der »Zuhausebleiber« wussten überhaupt nichts Spektakuläres zu berichten. Die Reichen verbrachten die Ferien im eigenen Haus in Spanien und durften einen Stierkampf miterleben, andere besuchten die Stätten der Antike in Griechenland und Italien, manche berichteten gar von einer Reise in die USA. Die weniger Betuchten fuhren halt zur Oma oder verbrachten die ganzen Ferien zu Hause. Deren Aufsätze mussten daher etwas »gezuckert« werden. Da kam es schon mal vor, dass in die Ferienerlebnisse bei den Großeltern mit viel Fantasie ganz abenteuerliche Aktionen eingebaut wurden. Schließlich war es nicht allzu spektakulär, wenn man zum Ährenlesen auf die abgeernteten Weizenfelder geschickt worden war, um Futter für die Hühner zu beschaffen. Oder wenn die Oma einen mit dem alten Leinenrucksack losgeschickt hatte, um die Kohlebrocken aufzulesen, die die Heizer der alten Dampfloks beim Schaufeln in die Brennkammer auf die Bahngleise hatten fallen lassen. Nein, in diesen Aufsätzen berichteten die Daheimgebliebenen von lebensbedrohlichen Flussfahrten in Zinkbadewannen und gruseligen Nächten, die sie in Höhlen und am Lagerfeuer durchwacht hätten. In den ersten Volksschulklassen saßen nicht selten mehr als 40 Abc-Schützen. Da musste die Lehrerschaft schon konsequent durchgreifen, um alle in den Griff zu bekommen. Die pädagogischen Fossile von damals gaben vereinzelt sogar noch »Tatzen«, indem sie ein Lineal kräftig über die Innenhandfläche der Schüler zogen. Dies war ein sehr charakteristischer Schmerz, der jedem auf diese Weise Gepeinigten wohl ewig in Erinnerung bleibt. Manchmal legten sie einen Schüler auch über das Lehrerpult,

Einmal, wir erinnern uns sicher noch alle, kam ein kleiner Wanderzirkus in die Stadt und baute die Manege im Schulhof der Matthäus-Beger-Schule auf. Ein Zelt gab es nicht. Besonders brave Schüler durften auf einem Elefanten einige Runden drehen – aber die Braven trauten sich halt meist nicht. Also durften auch die weniger Belohnungswürdigen als zweite Wahl ran. Wer es dann bis ins Genick der Dickhäuter geschafft hatte, freute sich auch sogleich nach den ersten Schritten auf den Abstieg. So ein Elefant war von oben doch sehr viel höher, als es von unten den Anschein hatte.

um ihm den Hintern zu versohlen. Natürlich nicht jeden; hier traf es bevorzugt die mit den nicht so bedeutenden Familiennamen. Die meisten der Lehrer wurden nicht müde zu bedauern, wie schade es doch um das ehemals große Vorkriegsdeutschland sei. Politisch etwas »roter« wurden die Lehrer erst einige Jahre später. Viele dachten und sprachen damals jedoch noch »braun«. Uns fiel dies aber nicht auf, denn politisches Bewusstsein und Orientierung waren uns noch völlig fremd. Wer seine Hausaufgaben nicht erledigt hatte, dem wurde von der übertrieben religiösen Lehrerin mit dem Fegefeuer gedroht. Zuvor schilderte sie leidenschaftlich die Qualen der Hölle und malte die darin agierenden Teufel in bunten Farben.

Erstaunlich, dass aus uns dennoch etwas geworden ist.

Wir hatten vier Katholiken und einen Italiener in der Klasse. Komisch, dass man so etwas nie wieder vergisst. Der italienische Bub hieß Andrea – wie bei uns in Deutschland nur Mädchen heißen. Aber da er zwei Jahre älter war als wir und auch sonst eine für Italiener eher ungewöhnlich kräftige Statur hatte, wurde er von uns deswegen vorsichtshalber mal nicht gefoppt. Der Sohn des Bundesbahnrangierers war jedoch der eigentliche Anführer unserer Klasse. Was er sagte, das galt. Wer etwas dagegen sagte, bekam einen »auf den Zwölfer«, selbst wenn er der Sohn eines Fabrikanten war – Andrea mal ausgenommen.

Die Bäckersfrau kam täglich pünktlich zur großen Pause und verkaufte »Weckle« (das Stück für 10 Pfennig) und »Brezla« (für 15 Pfennig), die sie aus einem Wäschekorb fischte, in welchem das Gebäck in wildem Durcheinander lag. Und was für Brezeln das noch waren! Etwas zäh, ganz so wie sie sein mussten, und mit herrlich knusprigen »Beinle«. Keine schockgefrosteten, blitzgebackenen und mürben Dinger, wie sie heute auch an jeder Tankstelle zu kaufen sind. Nein – damals standen die

Dezember

- *Auf Zypern kommt es zu Zusammenstößen zwischen Griechen und Türken. Britische Truppen landen, um die Kämpfe zu stoppen.*
- *Theodor Heuss, der erste Bundespräsident, stirbt in Stuttgart.*

1964

Januar

- *Die amerikanische Saturn-1-Rakete bringt als Vorstufe zur Mondlandung 17,2 Tonnen Testladung in den Weltraum.*

Februar

- *Frankreich und Großbritannien vereinbaren den Bau des Kanaltunnels.*
- *Cassius Clay besiegt Sonny Liston und wird Weltmeister im Schwergewicht.*
- *Willy Brandt wird Parteivorsitzender der SPD.*

März

- *Nach dreieinhalb Jahren Bauzeit wird der erste Autotunnel durch die Alpen freigegeben. Der Große-Sankt-Bernhard-Tunnel hat eine Länge von 5.798 m.*
- *Anchorage, Alaska, wird von einem heftigen Erdbeben erschüttert. 135 Tote.*
- *Die Beatles liegen mit fünf Titeln auf den ersten fünf Plätzen der US-Hitparade.*

April

- *Der Boxer Gustav (Bubi) Scholz wird Europameister im Halbschwergewicht.*

Mai

- *Im Fußballstadion von Lima werden bei einer Panik 300 Menschen zu Tode getrampelt.*
- *In Indien stirbt Nehru, der seit 1947 Regierungschef war.*

Bäcker noch um drei Uhr auf und schlangen erst einmal Dutzende Exemplare dieses köstlichen schwäbischen Traditionsgebäcks von Hand. In Trauben standen wir Schüler um die Bäckersfrau herum und tauschten die meist vorgezählten Münzen gegen Backwerk. War an einer Brezel mal nicht alles dran, gab es fünf Pfennig Preisnachlass.

Irgendein Beamter vom Bildungsministerium oder sonst einer offiziellen Stelle beklagte, dass wir mit dem Weißmehlgebäck wohl zu wenig Ballaststoffe und Vitamine zu uns nähmen, und so wurden Vollkornbrötchen eingeführt. Sie waren subventioniert und schmeckten grauenhaft, obwohl sogar Rosinen mit drin waren. Sie kosteten zwar nicht viel mehr als ein gewöhnliches Brötchen, dennoch hielt der Trend nicht lange an und bald gab es wieder die gewohnten Brezeln und Weckle – ja, es gesellte sich bald sogar die ernährungsphysiologisch noch bedenklichere Schneckennudel hinzu.

Das meist magere Taschengeld gaben die Jungs für »Schnippelbilder« aus. Die kleinen Schreibwarenläden, die es damals noch in der Nähe jeder Schule gab, boten sie an. Auch offene Süßigkeiten gab es dort, die nur

Storlachschule 1964, Klasse von Herrn Brauts

stückweise verkauft wurden, wie Bonbonmuscheln, Brausestängele oder Colalutscher. Letztere kosteten 5 Pfennig.

In den Pausen trafen sich die Buben in den Gängen der Schulen, um mit »Fußballbildle« zu schnippeln. Jeder sammelte leidenschaftlich die Karten eines oder mehrerer Bundesligavereine. Selbst diejenigen, denen Fußball gleichgültig war, sammelten eine bestimmte Trikotfarbe, z. B. die blau-weiß gestreiften vom MSV Duisburg. Ziel war es, die Bilder »seines« Vereins komplett zu besitzen. Pro

Bildchen war ein Spieler mit seiner Vita abgebildet. Das Mannschaftsfoto war jedoch das wertvollste. Schnippeln ging ganz einfach: Alle Mitspieler versammelten sich etwa fünf Meter von einer Wand entfernt, nahmen eine Karte zwischen Zeige- und Mittelfinger und »schnippelten« sie in Richtung Wand. Gewonnen hatte derjenige, dessen Karte am nächsten zur Wand liegen blieb. Der Sieger der Runde sammelte von den anderen »Mitschnipplern« den ganzen Einsatz ein. Wenn es einem gelang, seine Schnippelkarte so zu werfen, dass sie an der Wand lehnte, dann kassierte er von jedem Mitspieler eine weitere Karte. Jahrelang war dieses Spiel beliebtestes Pausenvergnügen.

Überhaupt war das Sammeln ein sehr wichtiger Bestandteil in unserem Leben als Volksschüler. Die Mädchen sammelten Poesiebucheinträge und Tauschbildchen, Werbezuckerwürfel und gute Noten, die Buben Matchboxautos, Legosteine und Bierdeckel. Auch sein Briefmarkenalbum brachte der eine oder andere mit in den Unterricht und prahlte mit seinen Neuzugängen aus der »DDR« oder seiner Motivsammlung mit Schmetterlingen oder Lokomotiven drauf. Dass er nur die relativ wertlosen Dubletten des ebenfalls sammelnden Vaters für sein kleines, handliches Album abbekam, war manchen der Jungs sicherlich nicht bewusst.

Es war schon eine besondere Ehre, einen Spruch in das Poesiealbum eines Mädchens eintragen zu dürfen. Da war Kreativität gefragt. Allerdings glichen sich die Seiten der einzelnen Alben dennoch sehr. »Rosen, Tulpen, Nelken, alle Blumen welken ...«, war wohl in jedem der Büchlein zu lesen. Am wertvollsten waren die Einträge der Lehrerinnen und Lehrer. Man hatte damit etwas Persönliches von ihnen für alle Ewigkeit im Album stehen,

mochte sie daher noch mehr und wähnte sich in einem besonderen Verhältnis zu ihnen. Manche Buben sammelten auch Einträge, aber eher ins Klassenbuch, etwa solche: »Peter stört den Unterricht zum wiederholten Male« – auch jene veränderten das Verhältnis zum Lehrer nachhaltig.

Gymnasien und Realschulen

Nach der vierten Volksschulklasse wurden die Klassen zerpflückt. Wer nicht auf der Volksschule blieb – wie damals die Hauptschule noch genannt wurde – ging weiter auf die Ober- oder die Mittelschule – auch Gymnasium bzw. Realschule genannt.

Im Musikunterricht wurde aus »Do-Re-Mi-Fa-So-La-Si-Do« »C-D-E-F-G-A-H-C«. Im Unterrichtsfach Deutsch wandelte sich der Wemfall zum Dativ und das Hauptwort zum Substantiv. Zu Rechnen mussten wir fortan Mathematik sagen und hatten mit Algebra zu kämpfen. Und eine Fremdsprache kam auch noch dazu. Im Friedrich-List-Gymnasium meist Latein, im Johannes-Kepler-Gymnasium und im Isolde-Kurz-Gymnasium, in das damals nur die Mädchen gingen, überwogen Englisch und Französisch. Das Albert-Einstein-

Juni

- In Kiel läuft die »Otto Hahn« vom Stapel. Sie ist das erste atomgetriebene Frachtschiff in Europa.
- Die Fußball-Nationalmannschaft von Spanien wird Europameister.

Juli

- Heinrich Lübke wird für weitere fünf Jahre zum Bundespräsidenten gewählt.
- In New York wird bei Rassenunruhen in Brooklyn und Harlem ein 15-jähriges schwarzes Mädchen erschossen.

August

- Griechen und Türken bekriegen sich auf Zypern.

September

- DDR-Rentnern wird gestattet, einmal im Jahr ihre Verwandten im Westen zu besuchen.

Oktober

- 57 Ostberlinern gelingt die Flucht nach Westberlin durch einen Tunnel.

November

- In den USA wird Lyndon Baines Johnson für weitere vier Jahre zum Präsidenten gewählt.
- 650 belgische Fallschirmjäger befreien 1.000 Weiße, die von Aufständischen im Kongo als Geiseln festgehalten werden.

Dezember

- Ein Jahr nach der Unabhängigkeit wird Kenia Republik.

1965

Januar

- In der EWG werden die Binnenzölle um 10 % gesenkt.
- In Indien wird Hindi die offizielle Staatssprache – Englisch bleibt assoziierte Sprache.

Der Chemieversuchsraum des Johannes-Kepler-Gymnasiums

Die ersten drei Klassen des List-Gymnasiums waren aus Platzgründen im Spitalhof untergebracht. War nun Musikunterricht angesagt, musste die Fünfminutenpause ausreichen, um von dort diagonal über den Marktplatz und die Kanzleistraße entlang ins Hauptgebäude am Kanzleiplatz zu gelangen. Wir erledigten dies meist im Laufschritt, Notenbüchlein und Blockflöte unterm Arm. Erschwert wurde das Ganze an Dienstagen, wenn Markttag war und der Marktplatz voller Stände und Menschen. Da musste sich die ganze Klasse durchs Getümmel kämpfen. Der legendäre Remstal-Rebell Helmut Palmer betrieb seinen Marktstand damals noch an sehr prominenter Stelle direkt am Marktbrunnen gegenüber dem Spitalhoftor, aus dem wir hintereinander gelaufen kamen. Der Erste im Tross schnappte sich im Vorbeirennen einen Apfel aus einer Kiste des Palmerstandes. Ebenso der Zweite, der Dritte, der Vierte. Der Fünfte jedoch schnappte nicht – sondern er wurde geschnappt. Von Helmut Palmer selbst, nachdem er die dreiste Diebesbande bemerkt hatte. Kurzerhand drehte er den Schüler um 180° und tauchte ihn mit dem ganzen Kopf in den Brunnen. Er ließ ihn sogar einige Sekunden in dieser unwürdigen Position zappeln, bevor er ihn wieder auf die Füße stellte. Vermutlich waren diese Äpfel die letzten, die Palmer auf diese Weise abhanden kamen.

Gymnasium wurde eilig gegründet, weil der Reutlinger Norden mächtig wuchs. Die ersten paar Jahre war das »AEG« als jüngste der Reutlinger Oberschulen im Interimsgebäude in der Schillerschule in Orschel-Hagen untergebracht. Dort meldeten sich hauptsächlich die Schüler aus den Siedlungen und Gemeinden im Norden der Stadt an, etwa die Pliezhäuser, die Walddorfer und die Rommelsbacher. Die Mittelschüler aus dieser Region wechselten in die Hermann-Hesse-Realschule; in die Eichendorff-Realschule tendierten die Kinder aus der Stadt.

Feste und Feiern

Alle drei Jahre organisierten die Schulen der Stadt einen Kinderumzug. Jede Klasse erhielt ein Thema, nach dem sie sich dann verkleiden durfte, meist einen Beruf. Peinlich, wenn man der Klasse angehörte, die als Gärtner gehen musste. Da hatte sich die halbe Klasse als Margeriten zu verkleiden, mit gelben Käppis und wabbelnden Blütenblättern aus Papier. Mehr Spaß machten da schon die anderen Zünfte – etwa die der Glaser, Maurer und Zimmerleute. Die durften Werkzeuge und Fensterrahmen tragen. Der Umzug lockte viele Reutlinger aus ihren

Wer geht als Glasergeselle, wer als Gärtner und wer als Prinzessin?

Februar

- Mit Gambia wird die letzte britische Kolonie in Westafrika unabhängig. Sie wird weiterhin monarchisch regiert.
- Stan Laurel stirbt 74-jährig in Santa Monica. Er war von 1929 bis 1957 der Doof des Komikerduos Dick und Doof.
- Die US-Raumfähre Ranger 8 zerschellt auf dem Mond, nachdem sie in 23 Minuten 7.000 Bilder zur Erde gefunkt hat.

März

- 3.500 amerikanische Marineinfanteristen landen in Südvietnam.
- Der russische Kosmonaut Leonow schwebt als erster Mensch 20 Minuten lang im Weltraum.
- Nicolae Ceausescu wird Parteichef der rumänischen kommunistischen Partei.

April

- In Wien entscheiden sich auf der internationalen Farbfernsehkonferenz 22 von 45 Staaten für das französische SECAM-System. Die anderen führen entweder das deutsche PAL- oder das amerikanische NTSC-System ein.
- Franz Josef Strauß wird als Parteivorsitzender der CSU bestätigt.

Mai

- Einführung des Vermögensbildungsgesetzes – es ermöglicht Arbeitnehmern jährlich bis zu 312 Mark ihres Lohnes vermögensbildend anzulegen.
- Cassius Clay bleibt Schwergewichtsmeister durch K. o. in der ersten Runde gegen Sonny Liston.

Juni

- Der Amerikaner White macht einen 20-minütigen Weltraumspaziergang.
- Prinzessin Beatrix aus den Niederlanden verlobt sich mit dem Deutschen Claus von Amsberg.

27

Ein Junge holt sich einen Preis von der Kletterstange.

An den Kostümen wurde oft tagelang gebastelt. Wir freuten uns alle auf das Kinderfest.

Stuben auf die Straße. Diese schöne Tradition gibt es heute leider nicht mehr. Ob es der Lehrerschaft wohl zu viel wurde? Der Aufwand war nämlich für alle Beteiligten enorm und ließ sich wohl nicht mehr mit den immer umfangreicher werdenden Lehrplänen vereinbaren.

Im Anschluss an den Umzug fand dann am Nachmittag das Kinderfest im Wasenwald statt, beschirmt von den

Nach dem Umzug ging es in den Wasenwald. Das Wildgehege gab es damals noch nicht.

Die »Schlange« mit Hindernissen

Kronen der steinalten Eichen. Platz gab es genug für Hunderte von Kindern und Eltern, denn damals war dort das Wildgehege noch nicht angelegt. An den meterhohen Klettermasten aus Holz, Telegrafenmasten nicht unähnlich, baumelten attraktive Preise, wie Turnschuhe, Spiele oder Plüschtiere. Diese zu erreichen gelang jedoch längst nicht jedem – die meisten Kletterer gaben nach ein, zwei Metern auf. Die Attraktion war allerdings eine Schlange aus Holz, die es vom Schwanz bis zum Kopf auf dem Bauch rutschend zu überwinden galt. Kein einfaches Unterfangen, denn sie verfügte über jede Menge Höcker und andere Hindernisse. Sackhüpfen, Topfschlagen und Schubkarrenrennen

bescherten hingegen auch den etwas weniger Sportlichen unter uns allerhöchstes Vergnügen.

Kindergeburtstage in den wohlhabenden Familien gestalteten sich meist etwas anders als die in den Neubausiedlungen. Bei den Reichen erspielte ein Geburtstagsgast beim Topfschlagen ein Matchboxauto, bei den Arbeiterkindern nur ein Bonbon. Wer sich erinnert – damals gab es Spiele an Kindergeburtstagen, bei denen die Gäste beschenkt wurden. Und es wurde, anders als einem heutigen Trend zufolge, stets zu Hause beim Geburtstagskind gefeiert. Heute werden Kindergeburtstage ja häufig in Hamburgerpalästen zelebriert. Für

Ob Astrid es wohl schafft, alle Kerzen auf einmal auszupusten?

Juli
- *Die Malediven, britisches Protektorat seit 1887, werden unabhängig.*

August
- *Großbritannien beschränkt die Zuwanderung aus den Commonwealthländern auf 25.000 im Jahr.*
- *Bei 7-tägigen Rassenkrawallen in Los Angeles sterben 36 Menschen.*
- *Bei einem Lawinenunglück in Saas Fee in der Schweiz verlieren 88 Menschen ihr Leben.*

September
- *Tibet wird innerhalb Chinas autonom. Pakistanische Truppen dringen in Kaschmir 30 Kilometer auf indisches Hoheitsgebiet vor.*
- *Die Inder überschreiten ihrerseits die Grenze zu Pakistan.*
- *Beim Auftritt der Rolling Stones in Berlin wird randaliert – Schaden: eine halbe Million Mark.*
- *Im Kaschmirkrieg wird das Feuer eingestellt.*

Oktober
- *Fidel Castro gibt offiziell den Rückzug Che Guevaras aus der kubanischen Politik bekannt.*
- *In den USA demonstrieren Zehntausende gegen den Vietnamkrieg.*

November
- *Die deutschen Küstenregionen werden von einer schweren Sturmflut heimgesucht.*
- *Unbekannte stehlen zum ersten Mal das Manneken Pis.*

Dezember
- *Gemini 7 umrundet die Erde 220-mal. Es kommt zu einem Raumfahrtrendezvous mit Gemini 6, die beiden Raumschiffe nähern sich auf eineinhalb Meter.*

Das Geburtstagskind hat den größten Hut.

erheblich weniger ertragreich, aber ebenso lustig. Bei den einen wurden wir mit Eisbomben von der Eisdiele Soravia verwöhnt, bei den anderen bereitete die große Schwester eben nur einen großen grünen Wackelpudding zu, der im Laden um die Ecke nur ein paar Pfennig kostete. Geschmeckt hat beides in gleichem Maße lecker.

Schulausflüge und andere Erlebnisse

Hierfür bot sich die Fahrt mit dem Schienenbus des Honauer Bähnles an. Dieser beförderte die lärmende Klasse nach Honau oder sogar bis hoch zur Station Traifelberg. Diesen Streckenabschnitt schaffte der Schienenbus allerdings nur mit Unterstützung durch die Zahnradlokomotive. Von dort oben aus wurde dann auf der Albhochfläche zur Nebelhöhle oder zum Schloss Lichtenstein gewandert, im Rucksack eine Plastikflasche mit Tee, einige belegte Brote und ein Apfel. Manchmal gab es auch eine Banane, mit dem Ergebnis, dass die Leberwurstbrote nach Banane schmeckten.

Auf dem Lichtenstein erhaschte vielleicht der eine oder die andere von uns einen Blick auf eine der beiden Prinzessinnen aus dem Hause Urach. Zwar waren es »nur« Herzoginnen, aber selbst die Lehrerin sprach stets von Prinzessinnen. Die betagten Damen lebten in einem der prächtigen Nebengebäude des Schlosses, sahen jedoch ganz anders aus, als wir uns Damen im Adelsstand so vorstellten.

In einem »Cinderella-Castle« erwartete wohl jeder eine Prinzessin, die auch aussieht wie Cinderella. Sie wirkten auf uns steinalt und sie waren eher schwäbisch-bürgerlich im Kittelschurz gekleidet, so als ob sie gerade aus der Küche vom Kartoffelschälen kämen. So richtig alt konnten sie jedoch nicht gewesen sein, denn die Letzte starb erst vor wenigen Jahren.

gewöhnlich wurde ein Gastkind nach einer Geburtstagsfeier auf der Achalm oder dem Georgenberg reicher beschenkt als an seinem eigenen Geburtstag. Die Feste im Storlach hingegen waren zwar für die Gäste

Zum Kindergeburtstag gab es eine Kaffeetafel mit Sammeltassen – wie bei den »Großen« auch.

Weitere Ausflugsziele waren die Wanne unterhalb der »Pfullinger Unterhos'« und der Rossberg oberhalb von Gönningen. Jede Klasse durfte auch einmal in die Wilhelma.

Diejenigen, die mit ihren Eltern schon mal dort waren, langweilten sich betont, für die anderen gestaltete sich der Ausflug zum unvergesslichen Erlebnis. Fernsehapparate waren eben

Nur mit Unterstützung der Zahnradlok schaffte der Schienenbus die Honauer Steige.

Ringelreihen beim Ausflug auf der Pfullinger Wanne.

1966

Januar
- Georges Pompidou wird französischer Ministerpräsident.
- Indira Gandhi wird Ministerpräsidentin in Indien.
- Die UdSSR landet den ersten Raumflugkörper auf dem Mond, die »Luna 3«.

Februar
- In Hollywood stirbt Buster Keaton im Alter von 69 Jahren. Der Stummfilmdarsteller wurde bekannt als »Der Mann, der niemals lacht«.
- De Gaulle gibt bekannt, dass sich Frankreich aus der NATO zurückziehen wird.
- Hochzeit in den Niederlanden: Beatrix und Claus heiraten in Amsterdam.

März
- Ludwig Erhard übernimmt den Parteivorsitz der CDU von Konrad Adenauer.
- Menschen auf der ganzen Welt demonstrieren gegen das US-Engagement im Vietnamkrieg.

April
- 15.000 in Deutschland stationierte amerikanische Soldaten werden nach Vietnam verlegt.
- Die Olympiade 1972 wird nach München vergeben.

Mai
- Zum ersten Mal gewinnt eine deutsche Mannschaft den Europapokal. Borussia Dortmund schlägt den 1. FC Liverpool in Glasgow 2:1.
- 1860 München wird deutscher Fußballmeister.

Juni
- Im schweizerischen Basel dürfen künftig auch Frauen wählen.
- Amerikanische Kampfflieger bombardieren Hanoi.

Die Abschlussveranstaltung der Bundesjugendspiele fand immer auf der Rennwiese statt.

Einmal unternahmen wir, drei Schulfreunde, eine Fahrradtour nach Grafeneck bei Buttenhausen. Immerhin betrug die einfache Fahrstrecke etwa 25 Kilometer und führte über die steile Honauer Steige. Dort angekommen, wurde nahe an der alten Burganlage an einer Grillstelle ein Feuer entfacht und die Roten Würste auf den Spieß gesteckt. Unsere Eltern hatten jedem sogar eine Flasche Cola mit in den Rucksack gepackt. Wir waren so hungrig, dass wir die Würste sogleich mitten ins Feuer hielten. Die Hauptsache war, dass sie so schnell wie möglich im Magen landeten, auch wenn sie außen schwarz und verbrannt und innen noch kalt waren. Die Cola wollten wir bis nach der Mahlzeit aufheben.

Plötzlich standen zwei bedrohliche Gestalten neben uns. Es waren Männer der psychiatrischen Anstalt, die in der Burganlage betrieben wurde. Wir waren gänzlich unerfahren im Umgang mit geistig behinderten Menschen und hatten mächtig Bammel. Sie hätten einen entsetzlichen Hunger, erzählten sie uns, und forderten mit Nachdruck die Würste ein. Stumm reichten wir ihnen die Roten und auch das Brot. Wir mussten zusehen, wie sie genüsslich unsere Wegzehrung verschlangen, um das Ganze dann mit unserer Cola hinunterzuspülen. Gruß- und kommentarlos wandten sie sich dann ab und schlurften zurück ins Heim. Auf dem Rückweg radelten wir durch das Ermstal. Dort kamen wir an Obstbäumen vorbei und stopften vor lauter Hunger und Durst eine Unmenge an Sauerkirschen in uns hinein. Das bescherte uns nicht nur Magengrimmen, sondern auch die Drohung der Obstbäuerin, »uff dr Bollezeiwach« anzurufen, um unseren dreisten Mundraub anzuzeigen. Dennoch waren wir hochzufrieden, weil wir ja mit der Weitergabe unserer Würste eine gute Tat begangen hatten.

noch nicht in jedes Wohnzimmer vorgedrungen und so waren die exotischen Tiere für uns wirklich noch etwas Besonderes. Insbesondere das weiße Krokodil beeindruckte nachhaltig.

»D'Leibschbeis«

Wie oft das wohl Pausenthema war? Die Leibspeise, das Lieblingsessen. Auch daran konnte der Wohlstand einer Familie bemessen werden. Die Schüler und -innen aus »besseren Häusern« meinten, Rindsrouladen mit Kartoffelbrei und Blumenkohl schmecken ihnen am besten, oder auch der Zwiebelrostbraten, während das Geschwisterpaar, deren Eltern aus Pommern kamen, behauptete, durchgequetschte Kartoffeln mit Spiegelei und Spinat sei ihre Lieblingsspeise. Auf den Tisch dieser jungen Familie kam sicherlich eher selten ein Fleischgericht. Dass ihr Vater, er arbeitete bei der Post, nach Feierabend unsere Lateinhausaufgaben kontrollierte, zeigte jedoch, dass er in seiner alten Heimat eine höhere Schule besucht haben musste, und tatsächlich begann er kurz darauf ein Pädagogikstudium, während er bei der Post Nachtschichten schob, um seine Familie durchzubringen. Diese Geschichte verdeutlicht eine Besonderheit der deutschen Nachkriegsjahre. Umgesiedelte Familien aus den ehemaligen deutschen Gebieten brachten oftmals einen Stil mit, der sich vom schwäbischen deutlich unterschied. Auch wenn Geld noch rar war, die Würde war in jeder Ecke des Haushaltes zu spüren. Einige der Väter und Mütter waren Intellektuelle, wurden aus gewachsenem Wohlstand vertrieben und lebten in der neuen Heimat dann wie das Proletariat. Insbesondere bei den Deutschen aus dem Baltikum, Schlesien, Pommern und Ostpreußen war dieses Phänomen auffällig.

Fettes Fleisch mochte keiner von uns und auch Vaters streng riechenden Romadur, bei dessen Verzehr er genussvoll die Augen verdrehte, war uns ein Gräuel. Rosenkohl und Wirsing waren auch nichts für unsere Gaumen. Für Göckele mit »Bommfritt« oder Schnitzel mit Spätzle und Soß' hingegen hätten wir unser Vaterland verraten.

Winterfreuden

Nicht nur auf dem Teller, auch im Wintersport wurde der Klassenunterschied zwischen uns Schülern nur allzu deutlich. Einige der Klassenfreunde aus vermögenden Familien verbrachten die Winterferien in Davos oder St. Moritz. Die Schneesicherheit der mondänen Schweizer Skiorte hatten wir Daheimgebliebenen natürlich nicht, aber die Winter damals waren auch in Reutlingen noch »richtige Winter«. Sobald der Scheibengipfel sich dauerhaft in seinem weißen Kleid zeigte, schulterten wir die Ski und marschierten bergauf. Eigentlich stürmten wir jedoch unseren Haushang bereits bei ganz magerem Schneebelag und fuhren zu Beginn und gegen Ende der Saison schon auch so manche Abfahrt auf einem Drittel Schnee und zwei Dritteln Dreck. Heute ist das fast unvorstellbar, denn nicht nur auf »d'Scheib« gingen wir zu Fuß und auch wieder nach Hause, sondern wir mussten ja auch nach jeder Abfahrt wieder hinauf ans Wasserreservoir stapfen, um erneut hinabwedeln zu können. Vor dem Stacheldrahtzaun, zum Königsträßle hin, mussten wir rechtzeitig bremsen, aber natürlich stets so dicht wie möglich davor, denn dies gab den eigentlichen Kick. Am Abend spürten wir jeden Muskel und jeder merkte, was er geleistet hatte. Sicherheitsbindungen gab es noch nicht, oder eben nicht für uns, weil viele von uns die alten und viel zu langen Brettl vom Vater erbten. Heftige Stürze blieben

Juli

- Deutschland verliert gegen England das Endspiel der Fußballweltmeisterschaft 4:2.

August

- Seit 1961 sind 61 Starfighter-Kampfjets abgestürzt. 35 Piloten kamen dabei ums Leben.
- Die Beatles treten in San Francisco zum letzten Mal gemeinsam auf.

September

- Cassius Clay alias Muhammad Ali verteidigt erfolgreich seinen Weltmeistertitel gegen den Deutschen Karl Mildenberger durch K. o.

Oktober

- In Wales verschüttet eine Kohlenabraumhalde die Stadt Aberfan. 144 Menschen sterben, darunter 116 Kinder.

November

- Der Filmschauspieler Ronald Reagan wird Gouverneur von Kalifornien.
- Kurt Georg Kiesinger wird zum Kanzlerkandidaten der CDU/CSU gewählt. Die CDU/CSU und die SPD einigen sich auf eine Große Koalition.

Dezember

- Im Bundesland Baden-Württemberg kommt es unter Ministerpräsident Filbinger zu einer Großen Koalition mit der SPD.
- Walt Disney, Vater von Mickey Mouse, Donald und Konsorten, stirbt im Alter von 65 Jahren in Burbank, Kalifornien.

1967

Januar

- Die Astronauten Grissom, White und Chaffee kommen bei einem Brand ihrer Raumkapsel ums Leben.

Und ewig lockt das Heutal zum Wintersport: wohl denen, die eine Skiausrüstung besaßen.

Genkingen, Traifelberg. In den Hütten genehmigten sich die Mütter Kaffee mit Kuchen und die Väter ein Siegelbier aus Pfullingen, ein Olpp oder Quenzer aus Urach oder ein Bräuchle aus Metzingen. Wir kennen sie noch gut, die Namen dieser alten Regional-Brauereien, die heute allesamt nicht mehr brauen.

Im Winter wurden die Tennisplätze des TVR, damals noch zwischen Panoramaweg und Charlottenstraße an den Gleisen des Honauer Bähnles gelegen, mit Wasser bespritzt und somit zu Eislaufflächen umfunktioniert. Wir schnallten unsere Schlittschuhe mit Lederriemen an die Sohlen unserer normalen Stiefel; nur die Mädchen aus besserem Hause besaßen bereits weiße »Kürschuhe«, wie sie auch die

da nicht aus und der stadtbekannte Unfallchirurg Dr. Schaaf musste auch stets etliche Knochen richten. Er praktizierte ja auch geografisch günstig in der Panoramastraße, am Fuße der Achalm. Sein Ruf war legendär: Von kleiner Statur und mit grauem Stoppelhaarschnitt, kommandierte er seine Patienten in militärischer Manier in der Praxis herum. Die Höflichkeitsform »Sie« kannte er ganz offensichtlich nicht. Auch Bankdirektoren und ältere Damen wurden von ihm geduzt. Es konnte auch mal vorkommen, dass im Behandlungszimmer mehrere Personen unterschiedlichen Geschlechts, manchmal nur mit Unterwäsche bekleidet, auf den Herrn Doktor warten mussten. Die Sicherheit und Professionalität jedoch, mit welcher er sein Metier beherrschte, stimmte die Patienten nachsichtig, und jeder, der von ihm wieder zusammengeflickt wurde, war danach voll des Lobes. Militärarzt sei er im Krieg gewesen – so wurde jedenfalls gemunkelt.

Am Wochenende fuhr die ganze Familie mit dem Auto auf die Alb. Zahlreiche Skilifte waren in einer guten halben Stunde erreichbar – Heutal,

Es war an einem kalten Winterabend auf der Eislauffläche des TVR in der Charlottenstraße. Wir schwatzten oder drehten unsere Pirouetten. Die Jungs spielten mit Spazierstöcken der Großväter und einem Ablaufstöpsel als Puck Eishockey. Urplötzlich saß gut die Hälfte der Schlittschuhläufer auf dem Hosenboden und alle sahen sich verwundert an. Was für ein Zufall! Der halbe Platz purzelte zeitgleich hin! Zu Hause klärte sich dann das Phänomen, als die Mutter fragte: »Habt ihr das Erdbeben auch mitbekommen?«

Eiskunstläufer trugen. Das waren die mit den Zacken vorne. Am schönsten war es natürlich, in den Abendstunden bei Flutlicht über das Eis zu gleiten. Nicht nur sportlich betätigten wir uns, das Eislaufen war nämlich auch eine sehr kommunikative Freizeitbeschäftigung. Die Hälfte der Zeit wurde sicherlich in irgendeiner Ecke der Eislauffläche herumgealbert und gelacht. Jungs und Mädchen lernten sich gegenseitig kennen und Freundschaften wurden geschlossen. Auf dem Heimweg gab es dann den ersten Kuss im Pavillon des Stadtgartens,

bei dem fast die Nasenspitzen aneinanderfroren. Was sie/er wohl heute so macht?

Ein echtes Wintervergnügen boten auch die »Schleifeza«, die zahlreich und gegen den Widerstand der Eltern und der Nachbarschaft, entstanden.

Bei Frost wurden die Tennisplätze »gespritzt«.

Wo geht's hier zum nächsten Buckel?

Eisbahn unterm Krankenhaus

• *Die Bundesrepublik und Rumänien nehmen diplomatische Beziehungen auf.*

Februar
• *Die USA setzen in Nordvietnam Entlaubungsmittel ein und führen den Bombenkrieg nach Ende der buddhistischen Neujahrsfeier weiter.*

März
• *In der NPD kommt es zu politischen Richtungskämpfen.*
• *30.000 Bauern protestieren in Bonn gegen die Agrarpolitik des Gemeinsamen Marktes.*
• *Die Staatsanwaltschaft Aachen erhebt Anklage gegen die Firma Chemie Grünenthal wegen fahrlässiger Körperverletzung im Zusammenhang mit den Missbildungen von Kindern, deren Mütter das Schlafmittel Contergan eingenommen hatten.*
• *In Deutschland marschieren 150.000 Atomwaffengegner bei Ostermärschen.*

April
• *Am 19. April stirbt Altbundeskanzler Adenauer im Alter von 91 Jahren.*
• *Die Mehrwertsteuer wird eingeführt.*
• *In Montreal beginnt die Weltausstellung.*

Mai
• *Großbritannien, Irland und Dänemark beantragen die Aufnahme in die EWG.*
• *Das Volk der Ibu im Osten Nigerias ruft die Republik Biafra aus.*
• *Ägypten und Jordanien schließen einen Militärpakt.*

Juni
• *Eintracht Braunschweig wird deutscher Fußballmeister.*
• *Beim Besuch des Schah von Persien wird während einer Demonstration der Student Benno Ohnesorg von der Polizei erschossen. Terroristen bedienen sich des Namens Ohnesorg für ihre bundesweiten Aktivitäten.*

Über eine Strecke von 10 bis 15 Metern wurden mit Gießkannen und Eimern Bahnen mit Wasser bespritzt, die über Nacht zu Eis froren. Am meisten Spaß machten jene, die auch ein leichtes Gefälle hatten. Es wurde kräftig Anlauf genommen und entlanggeschlittert. Oder aber wir schnallten den Schulranzen vor die Brust und missbrauchten ihn als Rodel. Nicht selten gab es abends dann Schelte, weil schon wieder eine Schnalle oder ein Riemen »abgefatzt« war – ein Fall für den Schuster, der imstande war, die Lederranzen dann wieder zu flicken.

Skilift? Denkste! Muskelkraft war angesagt.

Kinderbücher und andere Lektüren

Ein Besuch des bundesweit bekannten Reutlinger Kinder- und Jugendbuchverlags war für alle Reutlinger Schüler mehrerer Generationen beinahe eine Pflichtveranstaltung. Ensslin & Laiblin befand sich an prominenter Stelle mitten in der Stadt zwischen der Bismarck- und der Kaiserstraße, ziemlich exakt auf dem Areal der heutigen Kaiserpassage. Schulklassen erhielten bei der Werksbesichtigung kostenlos den berühmten und begehrten Jugendkalender, der sonst teuer gekauft werden musste. Dass dieser Mitte des Jahres für den Verlag ziemlich wertlos geworden war, wussten wir nicht, wir fühlten uns reich beschenkt.

Die Handsetzer fügten mit unvorstellbarer Geschwindigkeit Bleilettern zu Druckformen für die Buchseiten zusammen. Andächtig bestaunten wir die Druckmaschinen, die Buchbinderei und die vielen Paletten voll mit bunten Büchern, die auf den Abtransport warteten. Damals war es noch üblich, dass Verlage ihre Werke nicht nur verlegten, sondern auch selbst druckten und auch noch die Versandlogistik selbst steuerten. Bei Ensslin & Laiblin arbeiteten daher in den 1960er-Jahren noch mehrere Hundert Mitarbeiter.

Jeweils im Frühjahr und im Herbst wurden drei Jugendbücher produziert. In den frühen Achtzigern verlegte Jo Hebsacker in Eningen immer noch sechs Bücher pro Jahr – allerdings nur noch mit etwa 20 Mitarbeitern. Heute gibt es auch diesen traditionsreichen Verlag nicht mehr. Das Jugendbuch war für unsere Generation von wesentlicher Bedeutung, denn das Fernsehen unterhielt uns ja nur stundenweise, es gab noch kein Kinderprogramm rund um die Uhr.

Der Verlag Ensslin & Laiblin hatte damals eine raffinierte Geschäftsidee entwickelt. Er gründete einen Club, in dem Kinder und Jugendliche Mitglied werden konnten. Die Mitgliedschaft war kostenlos, daher hatten auch die Eltern nichts dagegen. Ein direkter Dialog wurde gepflegt und in der ganzen Bundesrepublik schossen solche Fanclubs aus dem Boden. Unisono wetterten sie gegen die sogenannte »Schmutz- und Schundliteratur«. Insbesondere gemeint waren damit die zahlreichen Comic-Helden, die eine immer größere Rolle in unserem Leben spielten.

Etwa »*Micky Maus*« vom Ehapa-Verlag in Leinfelden oder »*Fix und Foxi*«, Rolf Kaukas deutsches Pendant zur US-Maus. Später gesellte sich dann

»Donald Duck« aus Entenhausen mit einer eigenen Reihe hinzu. Diese vier Hauptdarsteller hatten einen ungeheuren Bekanntheitsgrad, der wohl bis heute nahezu bei 100 % liegt und erheblich höher sein dürfte als der des jeweiligen Bundespräsidenten.

Aber da gab es auch noch die zweite Reihe: zum Beispiel »Felix«. Die Geschichten um den kuriosen schwarzen Kater erschienen wöchentlich als Comic-Heftchen im Bastei-Verlag. Mit seinen Gast-Serien, hier sind insbesondere Willy Vandersteens »Bessy«, ein Collie, der der berühmten Lassie zum Verwechseln ähnlich sah, und die Serie »Ulla und Peter« zu nennen, gelang Felix der Durchbruch auf relativ hohem Niveau. Weitere Gast-Protagonisten im Felix-Heft waren der kahlköpfige und mimiklose »Henry« von Carl Anderson, »Klein-Eva«, mit der mächtigen Haartolle, die durch ihre eigenwillige Gestik unterhielt, und »Fax, der Affe«. Die Leser von damals erinnern sich auch sicher noch an den jungen Indianerhäuptling »Silberpfeil«. Der Name Felix wurde im deutschsprachigen Raum zum Synonym für schwarze Katzen. Ebenso erging es »Mecki«, auch ein Comic-Star, der seinen Namen allen Igeln abtreten musste. Jener Mecki hatte stets »Charly« und »Schrat« um sich herum.

Der Lehning-Verlag bot uns »Tibor«, einen Tarzan-Verschnitt, und »Sigurd«, der sich, ähnlich wie auch »Falk«, eher an die amerikanische Serie Prinz Eisenherz anlehnte. Hier waren es also echte menschliche Helden, die uns Einblick in ihre spannenden Abenteuer boten. Gut und Böse kämpften gegeneinander, aber stets siegte natürlich das Gute. Im Lehning-Programm gab es auch die Winnetou-Adaption aus der Feder von Helmut Nickel. Hier wurden die Erzählungen von Karl May ins Comic-Format übersetzt.

Der Verlag Rolf Kauka fesselte uns auch mit französisch-belgischen Serien-Importen: »Spirou« oder »Pit und Pikkolo«, »Die Schlümpfe«, »Lucky Luke« oder »Johann und Pfiffikus«.

Wir lasen regelmäßig Europas größte Jugendzeitschrift »BRAVO«, das Magazin aller Jugendlichen, das es bis heute geblieben ist. Die Redaktion vermittelte aus Elternsicht grenzwertige Themenbereiche, etwa Geschlechtskrankheiten, Verhütungstechniken und gleichgeschlechtliche Liebe. Auf clevere Weise nötigte uns der Verlag, wirklich jede Ausgabe zu erwerben. Viele unserer Stars waren in der BRAVO, die 1959 ursprünglich als Rundfunk- und Fernsehzeitung

- Israel beginnt einen Präventivkrieg gegen Ägypten. Die meisten umliegenden Staaten im arabischen Sprachraum erklären daraufhin den Kriegszustand mit Israel. Ägypten schließt den Suezkanal. Israelische Truppen erreichen nach fünf Tagen den Suezkanal. Auf Druck des Weltsicherheitsrats wird der Krieg nach sechs Tagen beendet und geht als »Sechstagekrieg« in die Geschichte ein.

Juli
- Aus der Europäischen Wirtschaftsgemeinschaft (EWG) wird durch Zusammenlegung mit der EGKS und der Euratom die Europäische Gemeinschaft (EG).

August
- Das ZDF strahlt die erste Livesendung in Farbe aus – Lou van Burg mit »Der goldene Schuß«.

September
- Schweden stellt vom Links- auf den Rechtsverkehr um.
- Bundeskanzler Kiesinger und der DDR-Ministerpräsident Stoph treten in Briefkontakt, um die Beziehungen zwischen der Bundesrepublik und der DDR zu normalisieren.

Oktober
- Der argentinische Politiker Ernesto (Che) Guevara wird in Bolivien getötet und danach weltweit als marxistischer Revolutionär schwärmerisch verehrt.
- Die sowjetische Raumsonde Venus 4 landet weich auf dem Planeten Venus und sendet Daten zur Erde.

November
- Indien startet die erste selbst gebaute Rakete Rohini 75.
- Der Südjemen erklärt sich zur Volksrepublik.

konzipiert worden war, in Lebensgröße als Starschnitt abgedruckt. Aber natürlich nicht der ganze Star auf einmal. Es dauerte Wochen, bis unsere Idole lebensgroß an die Wand gepinnt werden konnten.

Das samstägliche Wannenbad

In vielen Badezimmern der Reutlinger Wohnungen stand ein fliegerbombenförmiger, weiß emaillierter Kaldewei-Badeofen. Dieses Standardbademöbel war durchaus auch in neueren Bauten zu finden. Selbst moderne Mehrfamilienhäuser hatten damals oft keine Zentralheizung, sondern die Wohnungen mussten noch mit Einzelöfen beheizt werden. Immer samstagnachmittags feuerten die Väter den Bade-

Samstagmorgens war die Kehrwoche angesagt – wie überall im Ländle. Hof und Außentreppen wurden gekehrt, das war Sache der Männer oder von uns Kindern. Das Treppenhaus wurde nass gewischt, dies erledigten die Frauen. Natürlich vor dem wöchentlichen Bad. Danach glänzten zwar die Treppen und die Fenster waren blitzsauber, aber lange noch roch das Treppenhaus charakteristisch nach einer Mischung aus Scheuerpulver und Schweiß.

ofen an, damit am Abend gebadet werden konnte. Als Nebeneffekt war es dann auch gemütlich warm im Badezimmer. Die Menge an heißem Wassers war aber begrenzt, daher wurde in vielen größeren Familien nacheinander im selben Wasser gebadet. Zumindest die Kinder waren immer die »Nachbader«.

Es gab unter den Schulfreunden aber auch »Jedenzweitentagbader«. Das waren jene, die in den Villen wohnten. Manch einer dieser Klassenkameraden hatte sogar ein eigenes Badezimmer, das direkt an sein Zimmer, natürlich

mit Balkon, angrenzte. Selbstredend verfügten die Villen über eine moderne Zentralheizung, die jederzeit ein Wannenbad füllen konnte – ein unglaublicher Luxus!

Von Lumpen und anderem Müll

»Wenn du nicht lernst ...«, oder: »Wenn ich damals die Chancen gehabt hätte wie du heute ...«. Wie oft hörten wir Sätze, die so oder so ähnlich begannen. Viele Eltern missbrauchten den ehrenwerten Berufsstand der

Die Müllmänner machten einen Knochenjob und die verzinkten Blecheimer einen Höllenlärm.

38

Müllwerker und drohten: »Wenn de nix lernschd, nemmad se di eddamol bei dr Müllabfuhr.« Als schlimmere Drohung konnten da nur noch die Straßenfeger dienen.

Keine Frage – unsere Müllmänner verrichteten immer schon einen Knochenjob – damals, als noch jedem Haushalt ein verzinkter 30-Liter-Mülleimer zustand. Diese, aus heutiger Sicht kleinen, meist arg zerbeulten Dinger standen chaotisch auf den Bürgersteigen herum und stanken im Sommer entsetzlich. Mit lautem Geschepper wurden sie einmal wöchentlich entleert.

Mülltrennung war ein Fremdwort: In die Tonne kam alles, was nicht mehr gebraucht wurde, einschließlich Lackresten, organischen Küchenabfälle, Batterien, Glas und Plastik. Der gesamte Müll landete auf dem »Schinderteich«. Dort wurde ein Tal mit Müll zugeschüttet, daher sprachen die Altvorderen auch noch von der »Auffüllung«. Hin und wieder brannte die ganze Müllhalde und sandte bei Westwind Brechreiz verursachenden Gestank in Richtung Stadt. Dabei war Reutlingen in bester Gesellschaft, denn in den Sechzigern war es noch in fast allen Gemeinden üblich, dass

Wenn Grobmüll war, hielt uns nichts mehr in der Stube – echte Schätze lockten.

- In Berlin beginnt der Prozess gegen den Kommunarden Fritz Teufel wegen Landfriedensbruchs während des Schah-Besuchs. Es kommt zu tumultartigen Demonstrationen.

Dezember

- Das französisch-britische Überschallflugzeug Concorde wird vorgestellt.
- Der 6,6 km lange San-Bernardino-Tunnel wird freigegeben. Er verbindet die Schweiz mit Italien.
- Christiaan Bernard führt in Südafrika die weltweit erste Herztransplantation durch.
- In Griechenland scheitert ein Putschversuch König Konstantins gegen das Militärregime. Die Militärjunta setzt General Zoitakis als Vizekönig ein. Konstantin flüchtet nach Rom.

1968

Januar

- Trotz Feuerpause eröffnet die Vietcong und Nordvietnam eine breite Feueroffensive auf Südvietnam. Ein Foto, das den Polizeipräsidenten von Saigon dabei zeigt, wie er einen gefangenen Vietcong mit dem Revolver erschießt, geht durch die Weltpresse.

Februar

- In Grenoble werden die zehnten Olympischen Winterspiele eröffnet.
- Aufgrund der Ted-Offensive verstärken die USA ihre Truppen in Vietnam um weitere 10.500 Mann. Nordvietnam wird verstärkt bombardiert.
- Im Schweizer Kanton Solothurn sprechen sich die Stimmbürger gegen das Frauenwahlrecht aus.
- Abu Dhabi und Dubai beschließen, noch unter britischem Protektorat, eine Föderation zu bilden. Aus ihr gehen später die Vereinigten Arabischen Emirate hervor.

Müllberge einfach angezündet und verbrannt wurden.

Grobmüll, auch Sperrmüll genannt, wurde zweimal jährlich bezirksweise abgeholt. Für uns war das stets ein Eldorado, denn jeder Haufen barg einen Schatz. Es musste nur tief genug gewühlt werden. Die am Abend noch akkurat aufgestellten Sperrmüllhaufen waren am Morgen immer in alle Richtungen auseinandergerissen.

Die Reutlinger Bürger konnten am Schinderteich auch selbst ihren Müll entsorgen. Abladen durften sie, so viel sie wollten und was sie wollten. Kostenlos! Ermahnt wurde stets nur: »Karbid gehört nicht in den Müll.« Keiner von uns wusste, was Karbid denn sein könnte. »Sprengstoff«, meinte Helmut, der auch sonst viel wusste; nur, wer in aller Welt wirft wertvollen Sprengstoff in den Müll? Wir hätten da schon Besseres mit dererlei Hilfsmitteln anzufangen gewusst. Zum Beispiel Höhlen in die Achalm zu sprengen, um alte Keltenschätze zu bergen.

Aber nicht alles wanderte auf die Kippe, auch damals schon gab es Wiederverwertbares, es hieß nur noch nicht »Recycling«. So mancher »Lumpensammler« verdiente sein

Geld mit dem Erbetteln von Wertstoffen. In den Fünfzigern und den frühen Sechzigern zogen sie mit ihren Handkarren durch die Straßen und riefen – nein, sie sangen eher laut und monoton: »Lomba – Alteise – Babier!« Dankbar nahmen sie diese Materialien entgegen und lieferten sie für einen geringen Lohn bei den Verwertern ab.

Es war Grobmüllabfuhr in einem Nachbarbezirk. Wir zogen mit Leiterwägen los, um Brauchbares zu ergattern. Stolz präsentierten wir zu Hause unsere Trophäen: Kaputte Radios und sonstige elektrische Geräte zum Zerlegen, ausrangierte Kinderwägen, aus denen wir Seifenkisten bauen wollten, und viele andere Dinge, die für uns einen vermeintlichen Wert darstellten. Unsere Eltern waren wirklich dankbar, dass in unserem Bezirk in der Folgewoche Grobmülltag war. Solange wir in der Schule waren, stellten sie alles raus und wurden auf diese Weise unsere Fundstücke wieder los.

Metall ging zum »Eisengminder« in der Sondelfinger Straße, Lumpen und Papier nahm Emil Adolff an. Dort (heute steht an dieser Stelle das E-Center) lief eine monströse Papiermaschine und produzierte 364 Tage im Jahr, mit nur einem einzigen Tag Unterbrechung für die Wartung, Pappe, aus der dann Hülsen für die Textil

industrie gewickelt wurden. Ehrfurchtsvoll standen wir bei einer Werksbesichtigung vor dem Ungetüm, bei dem keiner eine Vorstellung hatte, wo der Produktionsprozess startete und wo er endete. Zwei Angst einflößende Kollergänge zermalmten mit lautem Rumpeln und Beben Altpapier und Lumpen zu einer staubigen Masse, die anschließend mit Wasser vermengt über ein verwinkeltes Kanalsystem träge zur Maschine floss, um wieder zu dem zu werden, was sie einst war: Papier.

Ganz unten in der gesellschaftlichen Rangordnung, noch unter den Straßenfegern und Lumpensammlern, standen die »Landstreicher« (wie wir damals noch sagten). Oft klingelte es an der Haustür und ein bedauernswertes Wesen hielt die Hand auf, um einige Groschen zu erbetteln. Spätentlassene Kriegsgefangene sollen es gewesen sein, die alles verloren hatten und nicht mehr in den Tritt kamen. »Morlock«, von dem jeder sagte, dass er einst Professor in Tübingen gewesen sein sollte, war stadtbekannt. Wie gerne hätten wir uns diesem Exoten in freundschaftlicher Weise genähert. Ja, wir wären sogar bereit gewesen, für ihn den heimischen Kühlschrank zu plündern, um ihn mit Lebensmitteln zu versorgen. Unsere neugierigen

Annäherungsversuche vereitelte er jedoch stets, indem er heftig mit seinem Spazierstock drohte. Morlock wohnte zwischen den Holzstapeln der Firma Eggenweiler in der Stuttgarter Straße. Wenn er Waschtag hatte, dann hängte er seine grauen, langen Unterhosen an eine Leine, die er von Stapel zu Stapel spannte. Als man ihn tot im Buschwerk an den Bösmanns-äckern fand, war es das Thema des Tages in der Klasse: »Hoschd scho gheert? Dr Morlock isch hee.«

Der Flimmerkasten

1955 standen in deutschen Wohnzimmern offiziell 100.000 Fernsehempfänger. Es wurde jedoch von etwa 60.000 weiteren Schwarzseher-Geräten ausgegangen, welche die Post mit Peilwägen auszumachen drohte. Schon damals mussten monatlich

Die Kästen flimmerten noch in Schwarz-Weiß.

5 DM Fernsehgebühr bezahlt werden. 1960, fünf Jahre später also, gab es bereits 4 Millionen Fernsehapparate in Deutschland. 92 % der Haushalte waren mit Krediten für die Anschaffung von Möbeln oder eben TV-Geräten belastet.

Zunächst gab's nur ein Programm: die ARD. Ab 1962 nahm dann auch das ZDF den regelmäßigen Sendebetrieb auf. Die ersten Schwarz-Weiß-Fernseher hatten kleine, nach vorne gewölbte Bildröhren. Die beiden Sender mussten jedesmal von Hand an einem Drehknopf eingestellt werden, und es dauerte manchmal Minuten, bis das Bild flimmernd zum Leben erwachte, denn die Röhren brauchten lange, bis sie warm waren.

Das Programm für uns Kinder beschränkte sich am Anfang auf etwa eine Stunde täglich, etwa zwischen 17:00 und 18:00 Uhr. Dieser Sendezeitraum wurde auch treffend als »Kinderstunde« bezeichnet. Unsere Stars aus der Tierwelt hießen Rintintin, Fury, Lassie und Flipper. Auch den schielenden Löwen Clarence und die freche Affendame Judy aus der Serie Daktari fanden wir gut. Die menschlichen Helden waren Mike Nelson in »Abenteuer unter Wasser« und die Kinder aus Bullerbüh, die allesamt seltsame

März
- Mauritius wird unabhängig innerhalb des Commonwealth.
- Juri Gagarin, erster Mensch im All, kommt 34-jährig bei einem Flugzeugabsturz ums Leben.

April
- Biafra wird von einigen Staaten als selbstständige Nation anerkannt.
- Der schwarze Bürgerrechtler Martin Luther King wird in Memphis (Tennessee) vom weißen James Ray ermordet. Es kommt in allen größeren Städten zu Rassenkrawallen.
- Der Studentenführer Rudi Dutschke wird durch Schüsse schwer verletzt. In ganz Deutschland kommt es zu Zusammenstößen zwischen Studenten und der Polizei.
- In Berlin wird die erste Gesamtschule eröffnet.

Mai
- Nach Studentenkrawallen in Paris werden Universitäten geschlossen.
- Der Kaufhausbrandstifter Andreas Baader wird zu drei Jahren Zuchthaus verurteilt.

Juni
- Der demokratische Präsidentschaftskandidat der USA Robert Kennedy wird von einem arabischen Einwanderer ermordet.

Juli
- Der Atomwaffensperrvertrag wird von 59 Nationen unterzeichnet.
- Die Zollunion zwischen den einzelnen EG-Mitgliedstaaten ist vollzogen.
- Verschiedene kommunistische Staaten, darunter die UdSSR und die DDR, verurteilen die Demokratisierungstendenzen in der Tschechoslowakei.

Namen hatten: Inga und Ole, Britta und Lasse. Wir bewunderten den ersten deutschen Stuntman Arnim Dahl, der durch Glasscheiben sprang und von einem Eisenbahnwaggon zum nächsten, und wir belächelten den Bergsteiger Louis Trenker, der sich, wenn er von seinen Abenteuern in den Bergen berichtete, unentwegt die Hände rieb und wild gestikulierte. Die »Bezaubernde Jeannie« bezauberte uns ebenso wie Diana Rigg in »Mit Schirm, Charme und Melone«.

»Sport – Spiel – Spannung« mit Klaus Havenstein und Sammy Drechsel wurde nie versäumt und desgleichen die Sendung die »Sechs Siebengscheiten«, die mit 600 Sendungen von 1958 bis 1979 einen Europarekord aufstellte. Einige Schüler zweier Schulklassen traten gegeneinander an. Wer die – durchaus schwierigen – Aufgaben am schnellsten löste oder die gestellten Fragen am schnellsten beantworten konnte, der gewann. Der anhaltende Erfolg der Sendung lag vielleicht daran, dass diese Reihe äußerst günstig zu produzieren war. Heinrich Fischer war bekannt durch seinen Ausspruch »Vööööllig richtig!« bei »Zwei aus einer Klasse« und in »Männer mit Mut« wuchsen unscheinbare Burschen über sich hinaus. Wir lagen, das Kinn in die Fäuste gestützt,

Wie könnten wir je vergessen …

Die Höhlenkinder – Eva und Peter, zwei Waisenkinder, die in den Kriegswirren in der Abgeschiedenheit der Dolomiten wilde Abenteuer erlebten. (1962)

Die Firma Hesselbach – ihr drolliger hessischer Dialekt klingt uns heute noch in den Ohren.

Immer wenn er Pillen nahm – der schmächtige Stanley Beamish wird durch eine Pille zum Superman. Diese Persiflage auf den wirklichen Superman Clark Kent erreichte 1970 Kultstatus.

Am Fuß der blauen Berge – Robert Fuller als Less Harper und John Smith als Slim Sherman erlebten in Laremie Wildwestabenteuer.

Auf der Flucht – Dr. Richard Kimble flüchtete vor dem elektrischen Stuhl und fesselte 1965 in deutschen Wohnzimmern Millionen vor die Mattscheibe.

Abenteuer unter Wasser – Lloyd Bridges alias Mike Nelson zeigte uns beeindruckend, was man als Taucher so erleben konnte – dies bereits ab 1959.

Alle meine Tiere – Der Tierarzt Dr. Hofer, gespielt von Gustaf Knuth, ließ das Volk ab 1964 in seine Praxis schauen.

Die Abenteuer des Hiram Holiday – ab 1961 beeindruckte er uns als ein schüchterner Zeitungsreporter, der auf der ganzen Welt Abenteuer erlebte.

Die Augsburger Puppenkiste – bleibt mit Jim Knopf, Lukas, Urmel und Kater Mikesch unvergessen.

Bezaubernde Jeannie – jeder hatte Larry Hagman um seinen süßen Flaschengeist beneidet.

Isar 12 – ab 1961 klärte Kommissar Wanninger (Alois Huber) in München Verbrechen auf.

Die Hitparade, die mit Dieter Thomas Heck ab 1969 ausgestrahlt wurde, war verpönt. Kaum einer von uns interessierte sich für den deutschen Schlager. Zumindest durfte es keiner zugeben. Jürgen Markus, Wencke Myhre und Bernd Clüver, Jürgen Drews, Roy Black und Mary Roos waren eher was für die gesetzte Generation. Wir brauchten amerikanische Rocksongs.

Es gab auch die Musiksendung **»4-3-2-1 Hot & Sweet«**, die von 1966 bis Ende des Jahres 1970 produziert wurde und nahtlos in die Musiksendung **»Disco«** überging, die Anfang des Jahres 1971 von Ilja Richter moderiert wurde. Er war bereits 1969 gemeinsam mit Suzanne Doucet Moderator von 4-3-2-1 Hot & Sweet.

Flipper – der Serienklassiker schlechthin wurde von 1966 bis 1972 ausgestrahlt. Zunächst in Schwarz-Weiß, dann in Farbe. Die Hauptdarsteller wechselten, der gescheite Delfin blieb.

bäuchlings auf dem Teppich vor dem Fernsehapparat. Ebendieser dosierte Genuss machte das neue Medium so wunderbar.

Aber wir kannten auch die Protagonisten der Erwachsenensendungen: Peter Frankenfeld im markanten, groß karierten Sakko, und Hans-Joachim Kulenkampff mit »EWG – Einer wird gewinnen«. Clemens Wilmenrod war der erste deutsche Fernsehkoch, er trug sein Konterfei publikumswirksam auf seiner Kochschürze. Heinz Mägerlein moderierte von 1958 bis 1969 die Quizsendung »Hätten Sie's gewusst?«. Der Hauptpreis war zu Beginn eine BMW Isetta. Von 1955 bis 1989 moderierte Robert Lembke 337 Folgen der Sendung »Was bin ich?«. Die Sendungen waren sehr viel langlebiger als die heutigen, vor allem schwebte nicht kontinuierlich das Damoklesschwert der Einschaltquote über den Köpfen der Moderatoren.

Die ganze Familie saß vor der Kiste, Nachbarn ohne eigenen Fernseher mit eingeschlossen. Vor allem zur samstäglichen Sportschau oder bei der Übertragung von Eurovisionssendungen. Da gab es oft in der ganzen Wohnung keinen Stuhl mehr, weil alle im Wohnzimmer vor dem Fernseher saßen.

Jeder von uns wusste, wann welcher Vierteiler gesendet wurde: »Die Schatzinsel«, »Robinson Crusoe« oder »Tom Sawyer und Huckleberry Finn«, ein paar Jahre später dann »Lederstrumpf« und der »Seewolf«. Was war doch Raimund Harmstorf für ein Kerl, der eine rohe Kartoffel mit einer Hand zerquetschte? Am nächsten Montag wurde in den Pausen über nichts anderes gesprochen.

Die ersten »Farbfernseher« flimmerten in den Schaufenstern von Ankele & Weckler in der unteren Wilhelmstraße und im Kaufhaus Merkur. Der Start des Farbfernsehens in der Bundesrepublik Deutschland erfolgte am 25. August 1967 um 10:57 Uhr anlässlich der Internationalen Funkausstellung (IFA) in West-Berlin durch den berühmten Druck auf den roten Knopf von Willy Brandt, dem damaligen Vizekanzler der Bundesrepublik Deutschland. Dabei geschah ein kleines Missgeschick: Bevor der Knopf schon ganz gedrückt war, schalteten die Techniker bereits das Farbsignal auf Sendung – das wurde anschließend mit einem sehr empfindlichen Taster begründet. Alle Tageszeitungen berichteten am nächsten Morgen über diesen Fauxpas. Wahrscheinlich befand sich die Presse gerade in einer Sauregurkenzeit.

August

- *In der philippinischen Hauptstadt Manila kommen bei einem Erdbeben 400 Menschen ums Leben.*
- *In Addis Abeba beginnen unter Kaiser Haile Selassie Friedensverhandlungen zwischen Nigeria und Biafra.*
- *Truppen des Warschauer Pakts beenden den Prager Frühling.*
- *Frankreich zündet die erste Wasserstoffbombe im Mururoa-Atoll.*
- *Im Iran kommen bei einem Erdbeben 12.000 Menschen ums Leben.*

September

- *Swasiland wird unabhängig innerhalb des Commonwealth.*
- *Im Irak wird der Islam zur Staatsreligion proklamiert.*
- *Nigeria erobert nach einem vierwöchigen Feldzug Aba, die Hauptstadt von Biafra. Die monatelange Blockade von Nahrungsmitteltransporten wird aufgehoben. Dem Roten Kreuz wird gestattet zu helfen. Es sterben täglich 6.000 Menschen an Unterernährung.*
- *Albanien tritt aus dem Warschauer Pakt aus, da er nur noch sowjetischen Interessen diene.*
- *In Mexiko werden Studentenunruhen hart bekämpft, weil das Land die Olympischen Spiele gefährdet sieht.*

Oktober

- *In Mexiko werden die XIX. Olympischen Sommerspiele eröffnet. Es nehmen 118 Staaten mit 7.530 Sportlern teil.*
- *Die Kennedy-Witwe Jacqueline (Jackie) heiratet den griechischen Reeder Aristoteles Onassis.*

November

- *Der Republikaner Richard Nixon gewinnt knapp die amerikanische Präsidentschaftswahl.*
- *Über 60.000 Studenten beteiligen sich in Prag, Böhmen und Mähren an einem »Sit-in« aus Protest gegen die Zurücknahme der Liberalisierung des »Prager Frühlings«.*

Wir drückten uns die Nasen an den Schaufensterscheiben platt, um diese sensationelle Innovation zu erleben. Natürlich blieb das Gerät auch nach Ladenschluss um 18:30 Uhr eingeschaltet. Die Menschen standen in Trauben auf dem Gehweg und bewunderten den immer wiederkehrenden bunten Vorspann, der einen farbigen Film oder Beitrag ankündigte. Leisten konnten sich dieses revolutionäre Sehvergnügen freilich nur die wenigsten, denn die ersten Geräte kosteten noch etwa einen Vierteljahreslohn eines Arbeiters.

Das Automobil

Einer unserer Nachbarn war offenbar ein wirklich wohlhabender Mann. Er fuhr einen Borgward Isabella. Andere konnten sich nur eine Isetta leisten. Aber auch dieser 250-ccm-BMW-Kleinwagen war schon ein echter Fortschritt, denn er löste häufig einen Motorroller ab. Später dann, denn so richtig familientauglich war die Isetta schließlich nicht, leisteten sich viele einen VW Käfer. Er hatte ein ovales Fenster hinten und wir Kinder litten auf dem Rücksitz unter Übelkeit, wenn es sonntags die Honauer, Holzelfinger oder die Stuhlsteige hinauf auf die Alb ging. Spätestens in Genkingen wurde uns hundeelend. Die Großen rauchten damals rücksichtslos und in allen Lebenssituationen, eben auch im sehr beengten Innenraum eines Automobils. Wir mussten daher den gnadenlosen Mief im Auto ertragen. Rauchen war schick und die Mehrzahl der Erwachsenen kam ohne die In-Marken der damaligen Zeit nicht aus: HB, Ernte 23, Kurmark und Peer Export. Diese Marken gibt es zwar teilweise heute noch, sie haben aber nur noch einen winzigen Marktanteil.

Der 600er Mercedes Pullman von Karl Danzer war in der ganzen Stadt bekannt.

Im Hof standen noch weitere Autos, deren damals große Namen heute nicht mehr existieren oder eben nur noch als nostalgische Erinnerung: Ein Lloyd LP 300, ein Fahrzeug mit Holzkarosserie und einem 10 PS starken 300-ccm-Motor, der bei abendlicher Windstille auf gerader Strecke eine Höchstgeschwindigkeit von beeindruckenden 70 km/h erreichen konnte. Der Lloyd Alexander, auch »Leukoplastbomber« genannt, kostete damals 3.780 DM und wurde vom Hersteller sogar als erstes Fahrzeug mit schlauchlosen Reifen angeboten. Bemerkenswert war, dass die Heizung 78 Mark Aufpreis kostete.

Übrigens: 1958 fuhren auf den westdeutschen Straßen etwa 6 Millionen Autos – heute steuern wir auf die 50-Millionen-Marke zu.

Ein anderer Nachbar fuhr einen Gutbrod, an dem alles irgendwie rund war, und auch ein schon fast futuristisch anmutender DKW Junior stand unten auf dem Hof. Er hatte Heckflossen, wie sie auch die amerikanischen Straßenkreuzer zierten. Karl Danzer besaß einen Mercedes 600. Als das Furnierwerk Danzer & Wessel 1966 von einem echten König von der Elfenbeinküste Besuch bekam, standen wir gespannt am Straßenrand und

warteten, bis der König mitsamt seiner Delegation auf seinem Weg zu Oberbürgermeister Kalbfell an uns allen vorbeirollte.

Jener empfing ihn bereits im neuen Rathaus – das alte Interimsrathaus in der Alteburgstraße hatte als Domizil der Stadtoberen ausgedient und beherbergte fortan die GWG. Wir erhaschten einen Blick auf den Mann mit tiefschwarzer Haut in seiner noch schwärzeren Limousine, er erinnerte uns jedoch eher an den Film »Onkel Toms Hütte« als an einen König. Aber trotzdem: Ein echter König in Reutlingen, das war schon was!

Nicht nur die Isar-12-Jungs fuhren BMW V8.

Dezember
- *Die Universität in Dortmund wird eröffnet.*
- *Der sowjetische Überschalljet Tupolew 144, die Antwort auf die Concorde, geht auf seinen Jungfernflug.*

1969

Januar
- *In Paris beginnen die Vietnam-Friedensverhandlungen.*
- *In Belgien wird der Führerschein Pflicht.*
- *Die UdSSR führen mit Sojus 4 und Sojus 5 erfolgreich das erste Koppelungsmanöver im All durch.*
- *In Paris beginnen die Vietnam-Friedensverhandlungen.*

Februar
- *Die Boeing 747, auch Jumbo-jet genannt, macht ihren ersten Versuchsflug.*
- *Nixon trifft in Deutschland ein und bekräftigt amerikanische Garantien für die Freiheit Berlins.*

März
- *China und die UdSSR treten in einen Grenzkrieg am Ussurifluss ein.*
- *Gustav Heinemann wird Bundespräsident.*
- *John Lennon und seine Frau Yoko Ono veranstalten in Amsterdam als Friedensdemonstration ein einwöchiges »Sleep-in«.*

April
- *Die Kulturrevolution wird auf dem neunten chinesischen KP-Kongress bestätigt. Mao Zedong bestreitet selbstbewusst den Führungsanspruch Moskaus.*
- *Die Deutsche Kommunistische Partei (DKP) wird in Essen neu gegründet.*

45

Einer der Tankstellenbesitzer besaß einen riesengroßen, buckligen V8 von BMW. In der Polizeiserie »Isar 12«, die uns alle stets vor die Flimmerkiste bannte, fuhr der Münchener Kommissar Wanninger auch so einen.

Die Reutlinger Verkehrspolizisten mussten mit einem VW Käfer vorliebnehmen. Dunkelgrün mit weißen Kotflügeln und einem fast schon cartoonmäßig übertriebenen großen Blaulicht auf dem Dach. Aber auch die baden-württembergische Polizei hatte ihre Nobeldroschken, den Heckflossen-Mercedes, made in Untertürkheim.

Vermögende Reutlinger glitten ebenfalls im Mercedes durch Reutlingen, durch eine Stadt, in der damals fast noch überall geparkt werden konnte. Das Straßenbild war jedoch eher geprägt von kleineren und mittelgroßen Pkws sowie zweckmäßigen Nutzfahrzeugen aller Art.

Da gab es den dreirädrigen Goliath, einen Lieferwagen von Hansa-Lloyd. »Ein gescheites Gefährt, wenn man es gescheit fährt«, sagte der Volksmund, und tatsächlich sahen wir immer mal wieder einen Goliath in einer Kurve auf der Seite liegen, weil der Fahrer eben

Ein Herr in der Tannenberger Straße besaß, wie viele Reutlinger, denen das Geld für einen Pkw nicht reichte, einen dreirädrigen Messerschmitt-Kabinenroller. Im Gegensatz zum Goliath befand sich bei diesem Zwitterfahrzeug aus Motorrad und Automobil das einzelne Rad hinten. Eine Garage wollte der Besitzer für sein Gefährt in überschaubarer Größe nicht anmieten, aber ein »Dach überm Kopf« sollte es schon haben.
So besorgte er sich eine große Holzkiste, die er auf die Wiese gegenüber seiner GWG-Wohnung stellte, und bezog das Dach mit schwarzer Teerpappe. Am Abend drauf fuhr er stolz in seinen »Carport« hinein. Drinnen musste er dann feststellen, dass das Hubdach aus Plexiglas oben an die Kistendecke anschlug und ihm daher der Ausstieg verwehrt blieb. Er musste so lange in seinem Fahrzeug verharren, bis ihn hilfreiche Nachbarn aus der Kiste zogen … Wir lachten noch lange über den Typ, der doch glatt vergessen hatte, dass sein »Schneewittchensarg«, wie der Kabinenroller wegen seiner Plexiglashaube scherzhaft genannt wurde, keinen Rückwärtsgang besaß … dieser hätte nämlich einen Aufpreis gekostet.

Die Sicherheitspolizei fuhr dunkelgrüne Autos, die Verkehrspolizei grün-weiße.

keinen »gescheiten« Fahrstil hatte oder die kleine Ladefläche einseitig beladen hatte.

Die größeren Lkw hatten ausschließlich die Aufgabe, Waren von A nach B zu befördern – sonst nichts. Das war

Schon damals ging es nur im Schritttempo voran in der Lederstraße am heutigen Busbahnhof.

ihnen auch anzusehen. Gewaschen wurden die Laster mit den langen Schnauzen höchst selten bis nie, und die graubraunen Planen schlabberten mehr schlecht als recht auf den hölzernen Spriegeln umher. Von Design noch keine Spur. Aus den Auspuffen der Saugdiesel quoll der schwarze Rauch und verpestete die ohnehin schon abgasgeschwängerte Luft noch mehr. Keine Frage, die Straßen rochen damals noch völlig anders als heute. Feinstaubfilter, Katalysatoren und unverbleites Benzin gab es noch nicht. Im Winter schoben die Lastwagenfahrer im Morgengrauen

Blechwannen mit brennendem Dieselöl unter die Motoren, um diese anzuwärmen. Ohne solch eine Starthilfe wäre bei Minusgraden ein Anlassen unmöglich gewesen.

In Stuttgart und auf den Fildern waren die Riesenschlitten namens Chevrolet, Chrysler und Oldsmobile häufig zu sehen. Dort waren ja auch die Amis, die darüber hinaus meist der reicheren Air-Force angehörten. So ein Riesenschiff stand jedoch auch manchmal vor der Rath'schen Mühle, die vor einigen Jahren den Bauten der Oberen Wässere weichen musste. Ein Sohn des

Mai
- *Helmut Kohl wird Ministerpräsident von Rheinland-Pfalz.*
- *Der AC Mailand holt sich mit einem 4:1-Sieg gegen Ajax Amsterdam den Europacup.*

Juni
- *Bayern München wird Meister.*
- *Die USA ziehen 25.000 Mann aus Vietnam ab.*
- *Der Bundestag beschließt die Lohnfortzahlung bei Krankheit.*
- *Georges Pompidou wird Frankreichs Staatspräsident.*

Juli
- *Die Apollo 11 startet am 16. zu ihrem 360.000-km-Flug zum Mond. An Bord befinden sich Neil Armstrong, Edwin Aldrin und Michael Collins. Mit der Mondlandefähre Eagle landen Armstrong und Aldrin am 20. auf der Mondoberfläche. Armstrong betritt am 21. Juli als erster Mensch den Mond. Millionen von Fernsehzuschauern auf der ganzen Welt werden Zeuge dieser Mission.*
- *Am 24. kehrt die Raumfähre wieder zurück.*

August
- *Bei Unruhen in Nordirland kommen mehrere Personen ums Leben. Britische Soldaten werden eingesetzt.*
- *In der amerikanischen Gemeinde Woodstock findet drei Tage lang ein spektakuläres Popfestival statt. 400.000 Menschen feiern im Zeichen von Liebe und Frieden.*

September
- *Al Gaddafi wird Vorsitzender des Revolutionsrates in Libyen.*
- *In Hanoi stirbt Präsident Ho Tschi Minh 79-jährig. Nachfolger wird Ton Duc Thang.*
- *Zürich und der Kanton Schaffhausen führen das Frauenwahlrecht ein.*

Müllers Rath war Pilot bei der Swissair und besaß einen offenen Chevrolet Impala-weiß mit roten Ledersitzen, elektrischen Fensterhebern und einem Schallplattenspieler. Wie die Scheiben in einen heutigen CD-Player, schob er – Mitte der Sechziger – die Singles in den Schlitz. In den deutschen Autos waren selbst Radios noch extrem selten zu finden.

Wir hier in Reutlingen hatten die Franzosen als »Besatzer«. Keine Luftwaffe – schnöde Infanterie. Die fuhren Enten, Dauphines und R4, alle mit gelbem Scheinwerferlicht. »Unsere Franzosen« waren, wie unsere Eltern immer sagten, arme Schlucker. Sie bezogen kaum Sold und besserten sich ihr karges Einkommen durch den Verkauf von Zigaretten und Wein auf. Wen wundert's, dass die Reutlinger Jugend häufig mit den schwarzen Gauloises, auch Troups genannt, das Rauchen begann? Die Jugend in Stuttgart kaufte sich im PX amerikanische Filterzigaretten, wenn in der Kaserne mal ein »Open House« geboten wurde. Dort wurde auf Partys auch mal eine halbe Gallone Seven-crown-Whisky geleert.

Aber wir hatten dafür unser »Franzosenfest«. In regelmäßigen Abständen fand es statt, mal in der Ypernkaserne

Beim Franzosenfest bauten »unsere« Franzosen mit großer Leidenschaft die Buden auf.

Jeder wollte mal in einem echten Panzer sitzen. Die Soldaten erklärten uns alles sehr geduldig.

Immer mal wieder rumpelten so genannte Panzermärsche durch unsere Straßen. Die französische Garnison erhielt diese schweren Kettenfahrzeuge per Bahn. Nach dem Abladen auf dem Güterbahnhof bewegten sich die Panzer hintereinander fahrend durch die ganze Stadt bis in die Hindenburg- bzw. die Ypernkaserne. Die Straßen auf der Route wurden gesperrt. Wir standen am Straßenrand und genossen das Brüllen der Motoren, das Geklirre der Ketten auf dem Asphalt und das Vibrieren im Bauch. Nicht alle Panzer hatten dämpfende Gummipolster auf den Raupenketten, daher mussten hinterher oft Reparaturarbeiten an den Randsteinen vorgenommen werden.

Panzerbesteigung im Sonntagskleidchen

und mal in der Hindenburgkaserne. Mit viel Aufwand und Liebe bauten die Soldaten ihre Stände mit Gewinn- und Geschicklichkeitsspielen auf, es gab zum Beispiel Büchsenwerfen und Fische fangen. Als Preise erhielten wir meist Rotwein oder Sekt aus Frankreich. Die Buden hatten die jungen Soldaten denkbar einfach zusammengezimmert. Leere Ölfässer dienten als Auflage für den Tresen. Als Dach spannten sie olivfarbene Lkw-Planen, die mit Tarnnetzen dekoriert wurden. Wir durften in und auf den Panzern herumklettern und es gab Crêpes mit Schokoladensauce. Die Eltern gönnten sich das eine oder andere Gläschen Bordeaux oder Beaujolais.

Party zu Hause

Die Küche blieb meistens kalt, wenn sich Gäste für den Abend angekündigt hatten. Trotzdem wirbelten die Mütter dann in der Küche, denn kalte Platten waren damals sehr beliebt und diese erforderten einen großen Aufwand bei der Vorbereitung. Wir Kinder halfen immer fleißig mit, aber ob wir tatsächlich auch eine echte Entlastung waren ...? Auf silbernen Tabletts wurden Wurstaufschnitt und Schweizer Käsescheiben, gefüllte Eier und Fleischsalat, Schinken-, Spargelröllchen oder Pumpernickel-Kanapees serviert. Der Käse-Igel durfte niemals fehlen, dabei war es damals noch nicht so einfach, zu jeder Jahreszeit Weintrauben zu ergattern. Feinkost Astfalk jedoch hatte sie meistens vorrätig.

Oktober
- SPD und FDP bilden überraschend eine Koalition nach der Bundestagswahl unter Bundeskanzler Willy Brandt. Damit ist zum ersten Mal seit 1930 wieder ein Sozialdemokrat Regierungschef.
- Die Arbeitslosenquote in Deutschland beträgt 0,5 %. Die Zahl der Gastarbeiter beträgt 1,5 Millionen.

November
- Die Bundesrepublik unterzeichnet den Atomwaffensperrvertrag.
- Apollo 12 holt 50 Kilogramm Gestein vom Mond.

Dezember
- Der Sektenführer Charles Manson wird wegen Mordes an der Schauspielerin Sharon Tate und vier ihrer Gäste in den USA verhaftet.
- Großbritannien schafft die Todesstrafe ab.
- Im Nigeria-Biafra-Krieg kommen Hunderte von Menschen ums Leben.

Ein hochmoderner Musikschrank war der Renner in deutschen Wohnzimmern.

Radieschen, Tomatenviertel und Gürkchen wurden dekorativ drapiert und mit Petersilie und Schnittlauchröllchen verziert. Vater setzte eine Ananasbowle an; Ananasstücke aus der Dose wurden mit einem erschwinglichen Wein angesetzt – mit österreichischem Gumpoldskirchner etwa oder dem ungarischen Mischmasch »Goldener Oktober«. Ein kräftiger Schuss Weinbrand dazu, eine halbe Flasche Jakobi 1880 durfte es schon sein (jener, der laut Werbespot mit 18 und mit 80 schmeckt). Kurz vor dem Servieren wurde dann der wichtigste Bestandteil hineingeschüttet: Sekt. Die Patrioten nahmen Rilling oder Kessler vom Neckarufer, die anderen Söhnlein oder MM. Im Mai war – naheliegend – eine Maibowle erste Wahl, natürlich mit selbst gesammeltem Waldmeister aus dem Wasenwald.

Gerne kredenzte Vater den Männern einen Cognac oder ein Gläslein Sechsämtertropfen. Die Frauen gerieten über den Eierlikör, den Mutter aus frischen Eiern, Weinbrand und Sahne am Tag zuvor in der Bosch-Küchenmaschine selbst zusammengerührt hatte, in höchste Verzückung. Wir auch, denn wir schleckten anschließend heimlich alle Gläser aus.

Die neue Couchgarnitur wird stolz den Nachbarn vorgeführt.

Sehr geehrte Leserin, sehr geehrter Leser,

Sie haben ein Buch aus unserem Verlag gekauft
oder geschenkt bekommen. Viel Freude beim Lesen!
Wir sind an Ihrer Meinung zu diesem Buch interessiert.
Schreiben Sie uns – wir freuen uns auf Ihre Antwort.

Titel des Buches: _____

Meine Meinung zu diesem Buch:

Sie finden uns im Internet unter: www.oertel-spoerer.de. Gerne informieren wir Sie regelmäßig über unsere
Neuerscheinungen. Bitte schicken Sie uns dafür diese Karte oder eine E-Mail (info@oertel-spoerer.de) mit Ihrer
Adresse zu. Sie erhalten unsere Bücher in jeder Buchhandlung und in unserem Online-Shop.

Oertel+Spörer – der Buchverlag in der Region Neckar-Alb

www.oertel-spoerer.de

Name

Vorname

Straße

PLZ/Ort

E-Mail

Mit der Rücksendung dieser Karte erkläre ich mich damit einverstanden, dass meine Adresse in die Informationsdatei aufgenommen wird.

Wenn ich keine Informationen mehr wünsche, kann ich jederzeit eine Adresslöschung verlangen.

Bitte freimachen, falls Briefmarke zur Hand

Antwort / Postkarte

Oertel + Spörer Verlags-GmbH + Co.KG
Postfach 1642

D-72706 Reutlingen

Aus dem modernen Musikschrank von Telefunken, er kostete gut und gerne zwei Monatslöhne, dudelte Stimmungsmusik. Der Schallplattenwechsler ließ die LPs nach und nach auf den Plattenteller fallen und der neue Modetanz Twist eroberte die Reutlinger Wohnzimmer. Bill Haley, Peter Kraus und Elvis unterhielten die fortschrittlicheren Eltern, die etwas konservativeren hörten Willi Hagara, Caterina Valente oder eine der zahlreichen Bigbands. Es wurde mächtig viel gelacht und es gab bei diesen Einladungen kaum jemanden, der den Abend nicht mit einem kleinen Schwips beschloss.

Auch uns Kinder faszinierte der neue Musikschrank. Die älteren Geschwister liehen sich von ihren Freunden Schallplatten aus. Bald schon konnten wir jeden deutschen Schlager mitträllern: »Schöne Mädchen soll man küssen, denn zum Küssen sind sie da ...«, oder »Für Gabi tu' ich alles ...«

»Onkel Alfons« war der Discjockey, heute würde er wahrscheinlich mit MP3-Daten arbeiten.

Das Jahrzehnt steht im Zeichen des Wohnungsbaus. Leider aber auch im Zeichen der Zerstörung von denkmalwürdiger Bausubstanz in der Innenstadt. Die Reutlinger Stadtoberen handelten wie viele Städteverantwortliche in den Sechzigern, sie hatten einen Abriss- und Erneuerungswahn. Damals jedoch wurde der strukturierte Wiederaufbau allenthalben gelobt.

Die Chronikdaten 1960 bis 1965 sind den Aufzeichnungen des Stadtbibliothekars Karl Otto Schmidt entnommen.

1960

Januar

- *Das Jahr 1960 beginnt in Reutlingen mit einem Riesenknall. Der Apotheker Dr. Walter Merz veranstaltet in der Neujahrsnacht mit Freunden ein »bengalisches Feuerwerk« in der unteren Wilhelmstraße vor der Hirsch-Apotheke. Eine Explosion verletzt fünf Personen, drei davon schwer. 50 Schaufensterscheiben gehen zu Bruch. Der Schaden beläuft sich auf 100.000 DM.*
- *Das Waldheim im Wasenwald feiert Richtfest.*
- *Der Gemeinderat beschließt den Erwerb eines Fernrohrs für die Volkssternwarte auf der Steinbeis-Schule. Kosten: 12.000 DM.*
- *Der Bau der Tribünen im Kreuzeichestadion kostet 231.000 DM.*
- *Reutlingen zählt 66.432 Einwohner.*
- *In der Stadt sind 10.212 Kraftfahrzeuge zugelassen, davon 6.811 Pkws.*

Nostalgische Erinnerungen an unsere Stadt

Entlang der Echaz

Ursprünglich war die Echaz die Lebensader der Stadt und trieb 21 Mühlen an. In den Sechzigern verkam sie jedoch zu einer beschämenden Kloake. Von Honau bis Kirchentellinsfurt ließen die Betriebe gewissenlos sämtliche ihrer Abwässer einfach in den Bach. Vornehmlich Textilfabriken lagen am Gestade der Echaz. Färbereien und Bleichereien verliehen dem Wasser täglich neue Farben, manchmal schäumte es gar wie Bier, anderntags stank es bestialisch nach diesem und jenem. Organisches Leben war in dieser Brühe sicher nicht zu finden.

Zwar wurde dieser Zustand von allen Seiten beklagt, selbst die Lehrer in der Schule wurden nie müde, über die gewissenlosen Unternehmer entlang der Echaz zu schimpfen, es dauerte jedoch bis in die Achtziger, bis etwas unternommen wurde und sich dann langsam wieder Forellen und anderes Getier im Flüsslein ansiedelten. Die Hoffnung auf viele Besucher bei der

1 Die Listbrücke an der Stuttgarter Straße. Im Hintergrund die Villa Wagner am Buckel und der Gminder'sche »Lange Emil«.
2 Am Samstag in der unteren Wilhelmstraße
3 Die schäumende und stinkende Echaz am Wehr in Klein Venedig

Niemand wollte es gewesen sein, wenn die Echaz mal wieder in allen Farben schimmerte.

Landesgartenschau, die 1984 in Reutlingen stattfand, verliehen der Forderung nach einer sauberen Echaz dann erst echtes Gewicht.

Wir erinnern uns mit Wehmut an »Klein Venedig«. Auch diese malerische Stadtansicht an der Echaz, die einigen Postkarten bereits zur Jahrhundertwende als Motiv diente, fiel dem Erneuerungswahn der Stadtregierung unter OB Kalbfell zum Opfer. Die Entscheidungsträger damals waren nicht zimperlich, wenn es um

Februar
- *Die Johanniskirche in Sondelfingen wird eingeweiht. 100.000 Mark wurden hierfür von den Sondelfinger Bürgern gespendet.*

März
- *Die Mauritiuskirche in Betzingen feiert 1.000-jähriges Bestehen.*
- *Das Vater-Werner-Haus am Gaisbühl wird seiner Bestimmung übergeben.*
- *In Reutlingen treffen sich etwa 100 Bürgermeister zum Deutschen Städtetag.*
- *Im Modehaus Keim am Marktplatz zerstört ein Großbrand Ware und Gebäudeteile. 160.000 Mark Schaden.*
- *Die Feuerwehrabgabe für Männer zwischen 18 und 50 wird beschlossen.*

April
- *Die Reutlinger Geschichtsblätter werden wieder herausgegeben. Der Schriftsteller und Arzt Ludwig Finckh war darüber hocherfreut.*
- *Die marokkanischen Truppen verlassen Reutlingen, zur großen Freude der Bevölkerung.*

Mai
- *Die Zwirn- und Nähfadenfabrik Schradin am Südbahnhof feiert 100-jähriges Bestehen.*
- *Der Ausbau der Gartenstraße für 1 Mio. DM wird beschlossen. Die Fahrbahn wird auf Kosten der Gehsteige auf 9 Meter verbreitert.*

Juni
- *Hans Kern, Fabrikdirektor und Landrat, wird Präsident der IHK.*

Juli
- *109 junge Franzosen verbringen im Rahmen des Schüleraustauschs acht Wochen in Reutlinger Familien.*
- *Der älteste Reutlinger ist 97 Jahre alt.*

Klein Venedig – ein Kleinod, das uns fehlt.

Abrissgenehmigungen ging. Auch die Hahn'sche Mühle musste einer großen Kreuzung weichen. Dieses markante Bauwerk aus Gönninger Tuffstein war verziert mit einem in unseren Breiten eher seltenen Treppengiebel und

stand an der Ecke Alteburgstraße und Ledergraben. Dem durch Kriegseinwirkungen ohnehin arg gebeutelten Reutlingen wurde damit eine der letzten romantischen Ecken genommen. Das gesamte Ensemble stand zwar seit dem 19. Jahrhundert unter Denkmalschutz, der Stadtrat ließ es jedoch kurzerhand aus der Liste der Baudenkmäler austragen. Erstaunlicherweise gab es damals nur leisen Protest, der in keinem der Fälle einen Abriss unterbinden konnte. Heute würden sich vermutlich aktive Gruppen unter den Bürgern bilden, die solche Entscheidungen mit allen Mitteln zu verhindern versuchen.

Ein Bummel durch die Stadt – Anfang der Sechziger

Neue Schuhe waren angesagt – »Goiserer« sollten es sein. Das sind jene bayerisch-grobschlächtigen Halbschuhe, die auf der Seite gebunden werden und mächtig robust sind. Sie passten auch hervorragend zu den unverwüstlichen, kurzen Lederhosen, die im Sommer die Standardbekleidung der Buben darstellte. In denen ließ es sich auch so vortrefflich raufen, rutschen und auf Bäume klettern, weil nicht gleich eine Naht an der Hose riss.

Mit den »unkaputtbaren« kurzen Lederhosen ließ es sich vortrefflich raufen.

Am alten Omnibusbahnhof stiegen wir aus dem Bus und schnappten schnell nach Luft. Anfang der Sechziger rauchten die erwachsenen Fahrgäste nämlich auch noch hemmungslos in allen öffentlichen Verkehrsmitteln.

Die traditionsreiche Hahn'sche Mühle in der Lederstraße musste leider dem Verkehr weichen.

Gemütlich wurde dann die Bahnhofstraße hinuntergeschlendert, vorbei am hässlichen Bau der Firma Wein-Wagner (dieser Bau wich, wie auch das Parkhotel, 1975 dem Kronprinzenbau). Im Fischbachbau, gegenüber dem altehrwürdigen Postamt, gab es die guten Salamanderschuhe. Wichtiger als die Qualität und das Design der Schuhe war für uns jedoch das kleine Heftchen mit Lurchi-Geschichten. Lurchi, der Salamander mit der höchst menschlichen Seite und den immer glänzenden Schuhen an den Füßen, erlebte, zusammen mit dem Frosch Hopps und der fetten gelben Kröte Unkerich, wilde Abenteuer.

Altes Anzeigenmotiv der Firma Salamander. Das Lurchi-Heftchen stand hoch im Kurs.

Micky Maus und Fix und Foxi waren in Sachen Comic zwar unsere erste Wahl, aber Walt Disney und Rolf Kauka ließen sich das auch gut bezahlen. Die Werbemacher aus der Kornwestheimer Schuhfabrik jedoch gaben das DIN A5 große Lurchi-Heftchen kostenlos mit. Wir durften auch ohne Schuhkauf immer mal im Laden vorbeischauen und nach der neuesten Ausgabe fragen.

Nette Schuhverkäuferinnen halfen uns Kindern mit dem Schuhlöffel in die neuen Treter und banden sie in rasender Geschwindigkeit zu – wir brauchten für den »Nestel« zehnmal so lange. Meist behielten wir die neuen Schuhe dann gleich an und ließen uns die alten einpacken.

In den neuen Schuhen marschierten wir dann die Wilhelmstraße hoch. Die Unterführung, die es mittlerweile schon nicht mehr gibt, gab es damals noch nicht. Beim Überqueren der Karlstraße mussten die Fußgänger auf Autos und auf die Straßenbahnen achtgeben. Auch beim Bummel in der Wilhelmstraße störten beim Seitenwechsel ständig Autos und die Elektrische. Die Reutlinger Haupteinkaufsmeile war noch lange keine Fußgängerzone und hatte noch richtige Bürgersteige. Stets stand zusätzlich auch ein

August
- Die Sonnen-Apotheke wird eröffnet. Es ist die 10. Apotheke der Stadt.
- Das Farbenhaus Jetter in der Spitalstraße am Gartentor brennt bis auf die Grundmauern nieder. Schaden 120.000 Mark.

September
- Der Gemeinderat genehmigt 24,5 Mio. DM für den Bau von 643 Wohneinheiten in der Gartenstadt Orschel-Hagen.

Oktober
- Der Reutlinger CVJM feiert im Alberhaus seinen 100. Geburtstag.
- Die Landsmannschaft der Schlesier begeht ihr 10-jähriges Bestehen.

November
- Das Modehaus Keim am Marktplatz feiert 250-jähriges Jubiläum.
- Das neue Rathaus wird geplant. Die Architekten Tidje und Volz aus Stuttgart erhalten 10.000 DM Preisgeld für den besten Entwurf. Das Rathaus soll 22 Mio. kosten. Der Standort in der Kernstadt wird in den Medien und von der Bevölkerung kontrovers diskutiert.

Dezember
- 1960 werden in Reutlingen 461 neue Wohnungen gebaut. In der Stadt leben etwa 2.000 Bürger aus dem Ausland. Darunter allein 800 Italiener und jeweils 200 Griechen und Österreicher.
- Der Dezember ist ungewöhnlich warm, es werden am Tag bis zu 18 °C gemessen.

1961

Januar
- Die Trikotagen- und Strickwarenfabrik Hermann Heinzelmann wird 75 Jahre alt. Sie beschäftigt mehr als 1.000 Mitarbeiter.
- Der Bau des Fernheizwerkes in Orschel-Hagen wird beschlossen.

Pferdewagen vom Hasenauer im Weg. Gotthilf Deuschle war der bahnamtliche Rollfuhrspediteur und hatte die Aufgabe, das Rollgut in die Läden zu bringen. Bis 1969 erledigten dies Pferdekutschen mit Planenwägen. Die Firma C. Hasenauer's Nachf., wie es in großen Lettern auf den grauen Planen stand, war damals schon über hundert Jahre alt. Hemmungslos ließen die mächtigen Belgier ihre Pferdeäpfel fallen. Lange blieben sie allerdings nicht liegen, denn eifrige Gartenbesitzer sammelten diesen begehrten Naturdünger mit Kutterschaufeln und verzinkten Eimern in der Hand schnell auf.

Gleich rechts in der Wilhelmstraße war der Laden von Ankele & Weckler. Dort kauften die älteren Geschwister ihre Schallplatten: Peter Kraus und Elvis Presley waren angesagt. Später erst kamen die Musikgruppen, die ja bekanntlich alles revolutionierten: die Beatles, die Rolling Stones und Konsorten. Auch wir gaben dann später als Teenager einen wesentlichen Teil unseres Taschengeldes für Schallplatten aus. 20 DM war der Standardpreis für eine Langspielplatte, der sich über Jahre hinweg hielt. Die Single kostete fünf DM und lieferte zwei Musikstücke – eines auf der Vorderseite und eines, meist ein sehr

viel schlechteres, auf der Rückseite. A & W bot eine regelrechte Schallplattentheke, aber ausschließlich das Personal durfte die Scheiben zum Anhören auf die Teller legen. Die Kunden saßen vor dem Plattenspieler und hielten sich mit verklärtem Blick die Kopfhörer an die Ohren. In jeder Hand hatten sie einen Kopflautsprecher. Kichernde Mädchen hörten oft einen Titel zu zweit, indem sich jede jeweils einen der Lautsprecher ans Ohr hielt. Der Stereogenuss musste der Freundschaftsbekundung weichen. Im Laden daneben wurde stets der Kaffee eingekauft: bei Tchibo. Die Mütter gönnten sich damals schon gerne für 20 Pfennig eine Tasse »Gold-Mocca« im Stehen. Wer den Laden betrat, dem stieg ein unglaublich appetitlicher Geruch von frisch geröstetem Kaffee in die Nase.

Beim Bäcker Wucherer daneben gab es für hungrige Kindermägen eine Brezel, manchmal sogar ein Nusshörnle. Gegenüber, an der Ecke Bollwerkstraße, befand sich das größte Fotogeschäft der Schwäbischen Alb – zumindest nach eigener Werbeaussage – die Firma Foto-Dohm. Hierhin brachten die Väter die Schwarz-Weiß-Filme zur Entwicklung. Kameras gab es ausschließlich in Fotofachgeschäften zu kaufen, Filme,

Das Rollgut kam noch mit zwei Pferdestärken. Hasenauer hatte noch bis 1969 Pferdefuhrwerke.

Kaum eine Mutter kam an Tchibo vorbei, ohne eine Tasse des leckeren Kaffees zu genießen.

Entwicklung und Abzüge wurden auch noch von den klassischen Drogerien angeboten. Zum Beispiel von »Kluck« in der Karlstraße, gegenüber »Helch«, dem Papiergeschäft.

Neben Dohm war der Laden des Bürsten- und Sportartikelgeschäftes »Kaylau«. Porzellan- und Glaswaren kaufte man bei »Binzer«. Unsere Mütter mussten immer gucken, was in der Schaufensterauslage angeboten wurde. Bei Binzer, einem Laden mit der langen Schaufensterfront an der Nikolaikirche, erwarben sie immer mal wieder bunt verzierte Sammeltassen.

Sie waren der Stolz jeder Hausfrau. In den Wohnzimmervitrinen wurden die Sammelstücke dann publikumswirksam und effektvoll präsentiert. Stets lag die Tasse seitlich auf ihrem Unterteller, damit auch das Innendekor zur Geltung kam.

Auch »Pelz-Kössler«, eine Maßschneiderei für Pelzmode, befand sich am Nikolaiplatz. Das Bekleidungshaus Müller im Nikolaihaus zeigte die Mode der frühen 1960er-Jahre, zum Beispiel schicke Keilhosen für die Damen.

Beim Spielwarenladen Fehl saß ein Bär überm Eingang und produzierte den lieben langen Tag geduldig und monoton Seifenblasen. Immer wieder tauchte er in mechanischem Auf und Ab den Blasring in die Pustefix-Lauge und ließ massenhaft bunt schillernde Blasen die Straße hinauftanzen. Pustefix gab es in jedem Haushalt mit Kindern; damals waren die Röhrchen noch aus Blech und nicht wie heute aus Plastik. Die Dose war mit einem echten Korken verschlossen, an dem der Blasring, eine oval gebogene Stahlfeder, befestigt war. Wenn das Original leergeblasen war, versuchten wir mit Seifenlauge aus Geschirrspülmittel ebenso stabile Bubbles zu produzieren. Sie gelangen jedoch einfach nicht mehr so gut.

Gegenüber befand sich die chemische Reinigung und Färberei Haux. Erwin Kögels »Kronenladen« war eine der ersten Adressen in der Stadt. Wer wohl das Café Weigold noch kennt oder den Eier-Kollmar?

Zigarren-Müller bot Rauchwaren aller Art an. In Karl Müllers Geschäft roch es stets köstlich nach Tabak, niemals jedoch nach Rauch.

Ganz andächtig blickten wir jedesmal im Vorbeigehen auf die Hirsch-Apotheke. Nicht etwa, weil es das Geburtshaus des »Rosendoktors von der Achalm«, des Heimatdichters Ludwig Finckh war. Nein, jeder kannte die Geschichte, als der Apotheker Dr. Merz am Silvesterabend 1959/60 einen selbst gebauten Feuerwerkskörper als bengalisches Feuer abbrennen lassen wollte. Dieser ging jedoch mit einer lauten Detonation, die in ganz Reutlingen zu hören war, frühzeitig in die Luft. Fünf Verletzte und 100.000 Mark Schaden waren das Ergebnis!

Ein reines Regenschirmgeschäft gab's damals hier, die Schirm- und Stockfabrik Leibfritz, die ihre Schirme sogar komplett in Reutlingen fertigte. Heute steht dort die Müller-Galerie.

Wir passierten Kaiser's Kaffeegeschäft, den damals einzigen Selbstbedienungsladen in der Wilhelmstraße. Auch eine Kaffeerösterei fand sich in der Wilhelmstraße. Bei Emil Vollmer drehten sich im Schaufenster altmodisch verschnörkelte Röstmaschinen. Wie bei Tchibo weiter unten, wehte auch hier der Duft des frisch gerösteten Kaffees hinaus auf die Straße.

Mit Hochdruck entstand das neue Rathaus, dem leider viele Altstadthäuser weichen mussten.

Der Marktplatz war, wenn nicht gerade Markt abgehalten wurde, gnadenlos zugeparkt.

Einer von uns musste meistens dort auf die öffentliche Toilette. Sie befand sich unter dem Zeitungskiosk bei der Straßenbahnhaltestelle; breite Stufen führten hinab – es müffelte streng bis hinauf zur Haltestelle.

Die Firma Eisen-Zschaler hatte für ihre 1a-Lage direkt oberhalb des Marktplatzes eine ziemlich ungewöhnliche Schaufensterauslage: Werkzeuge, Beschläge, Schrauben und derlei Zeugs.

Buchhändler Bofinger, Kocher am Markt, Brautmoden Schranz, die Kachel'sche Apotheke und das Café Bardtenschlager waren Namen, die damals noch an den Fassaden der Geschäftshäuser prangten.

Im »Lazz«, ein paar Schritte weiter in Richtung Albtorplatz, gab's oft ein Schleckeis. Die Auswahl war mit der heutigen aber nicht zu vergleichen. Schoko, Vanille, Zitrone und Erdbeere für uns Kinder – Malaga, Nuss und Rum für die Großen. Jede Kugel 10 Pfennig. Auf dem Rückweg wurde der Lebensmitteleinkauf bei Pfannkuch am Karlsplatz erledigt. Es gab nur

Die Bevölkerung kaufte tatsächlich noch in der Stadt ein. Baumärkte waren noch nicht erfunden, genauso wenig wie die großen Verbrauchermärkte auf der grünen Wiese. Farben wurden bei Farben-Burk am Kanzleiplatz gekauft, und SIM in der Karlstraße, gegenüber dem damals noch nicht existenten Hochhaus der Telekom, bot Holzzuschnitte und Heimwerkerbedarf aller Art an. Fast könnte er als Vorläufer der Do-it-yourself-Läden gelten. SIM war das Kürzel von »Selbst ist der Mann«. Dieser Laden hielt jedoch nicht durch, nachdem die verschiedenen Baumärkte um die Stadt herum entstanden.

Einkaufskörbe, die Wägen waren noch nicht erfunden. Der Hunger trieb uns dann in den Wienerwald. Er lag ganz in der Nähe, zwischen der Wilhelmstraße und dem Kaufhaus Merkur. Reutlingen hatte zwei Wienerwald-Restaurants, eben dieses und das zweite in der Nähe des Tübinger Tors. Ein halbes Göckele war für uns das Größte oder eine Portion Hähnchenleber mit Brot.

Uns gefielen auch das alpenländische Ambiente und die bunten Holzhennen, die von künstlichem Balkenwerk auf uns herabblickten. Grellbunte und plastikbestuhlte Fastfoodketten aus Amerika gab es ja noch Jahrzehnte lang nicht in unserer Stadt. Fastfood hieß eben Wienerwald. Wer könnte den markigen Werbespruch je ver-

Juni

- *Die Gustav-Werner-Stiftung wird 100 – 1.000 Gäste feiern mit.*
- *Die Wirtschaftsoberschule erhält den Namen Theodor-Heuss-Schule. Der Namensgeber selbst ist bei der Feier zugegen.*
- *Reutlingen hat 47.918 evangelische und 14.648 katholische Bürger. 3.350 Bürger gehören anderen Glaubensgemeinschaften an. 1.491 keiner.*
- *Der Juni bringt über 30 °C. Das Freibad verzeichnet 15.000 Besucher.*

Juli

- *Die Litzenfabrik C. C. Egelhaaf in Betzingen wird 100.*
- *Ein 57-jähriger Maurer aus der Wörthstraße ertrinkt in der Echaz.*
- *Der Reutlinger Schlachthof am Südbahnhof wird eingeweiht, er gilt als modernster seiner Art in Süddeutschland. Kosten 3,5 Mio. DM. Je 3.000 Stück Rinder und Kälber, 16.500 Schweine und 1.000 Schafe sind neuer jährlicher Schlachthofumsatz. Die Reutlinger verzehren 46 Kilo Fleisch pro Kopf und Jahr.*

August

- *Reutlingen erhält offiziellen Besuch aus der Partnerstadt Roanne.*
- *Die deutschen Meisterschaftskämpfe im Schwimmen und Turmspringen finden im Freibad statt. 154 Vereine treten gegeneinander an.*
- *Der August ist regnerisch und kühl.*

September

- *Die letzte Bombenlücke in der Karlstraße wird 16 Jahre nach Kriegsende mit einem Mehrfamilienhaus geschlossen.*
- *Die Ludwig-Finckh-Schule zwischen der Mittelstädter und der Mittnachtstraße nimmt den Unterricht auf.*

Oktober

- *Das Postamt in Betzingen feiert 100-jähriges Bestehen.*

gessen: »Heute bleibt die Küche kalt – wir gehen in den Wienerwald.«

Der erste Selbstbedienungsladen der Stadt, mal abgesehen vom Klassiker »Kaiser's Kaffee Geschäft« in der Wilhelmstraße, hieß Pfannkuch. Einer befand sich am Karlsplatz und ein weiterer in der Katharinenstraße. Die Hausfrauen konnten selbst durch Gänge zwischen den Regalen gehen und die Waren eigenmächtig in ihren Einkaufskorb legen. Revolutionär! Rabattmarken waren das reine Hausfrauenglück. Sie wurden akribisch in Rabattbüchlein eingeklebt. Später gesellte sich dann auch Tengelmann zu den Supermärkten hinzu, ebenfalls in der Karlstraße gelegen. Ein erster Discounter, der die Waren von der Palette herunter verkaufte, öffnete in der Bollwerkstraße und auch der Allmarkt im Birnenweg machte kurz danach den kleinen Einzelhändlern der Stadt das Leben schwer. Diese bekamen es mit der Angst zu tun und tatsächlich musste einer nach dem anderen zusperren – Tschüss, Tante Emma!

Das Kaufhaus Merkur

In den späten 1950er-Jahren plante Herr Horten, in Reutlingen ein Kaufhaus Merkur zu bauen. Kriegsbedingte Baulücken gab es noch zuhauf, selbst in der unteren Wilhelmstraße hätte sich ein Platz gefunden. Die etablierten Einzelhändler jedoch wussten einen Bau an dieser Stelle zu verhindern. So wurde das damals hypermoderne Kaufhaus eben 150 Meter weiter in der Karlstraße, zwischen der Kaiser- und der Gartenstraße, errichtet.

Im Merkur gab es noch keine Rolltreppe und auch kein Parkhaus. Es durfte ja auch noch direkt davor auf der Karlstraße geparkt werden. Im Erdgeschoss, gleich beim Haupteingang, bot ein Imbiss belegte Brötchen und Getränke an. Im vierten Stock gab es ein Restaurant. Man saß an kleinen Tischen und ließ sich bedienen.

Obwohl die Einzelhändler in der Kernstadt um ihre Umsätze bangten, als das Kaufhaus Merkur in Planung war, hatten auch diese goldene Jahre vor sich. Immer höher stiegen die Einkommen, immer stärker wurde der Konsumdrang und Reutlingens Bevölkerung wuchs rasant. Auch pilgerten die Menschen aus anderen Gemeinden mit zunehmender Mobilität vermehrt in unsere Stadt, um hier einzukaufen.

Parkhotel, Kaufhaus Merkur, Scala-Fimtheater und Straßenbahn sind heute Nostalgie pur.

Aus Merkur wurde Horten und aus Horten vor nicht allzu langer Zeit die Galeria Kaufhof. Bis heute ist es das einzige echte Kaufhaus der Stadt und es verfügt mittlerweile, nach mehrmaligen Umbauten, sicherlich über das doppelte der ursprünglichen Verkaufsfläche.

Das Parkhotel

Auch das altehrwürdige Hotel Kronprinz, am Listplatz gelegen, fiel 1945 den Fliegerbomben zum Opfer. An seiner Stelle entstand ein nicht weniger prunkvolles Hotel, aber eben im reduzierten Stil der Fünfzigerjahre – das »Parkhotel«. Den Namen erhielt es sicherlich, weil auf dem Listplatz davor, zwischen dem Listdenkmal und dem Bahnhof, ein kleiner Park mit Springbrunnen und alten Kastanienbäumen angelegt war. Das »beste Haus am Platze« entwickelte sich schnell zum Tummelplatz der Reutlinger High Society. Wer etwas auf sich hielt, lud dorthin zu runden Geburtstagen. Auch für geschäftliche Anlässe, wie Firmenjubiläen, Empfänge und andere Events, war das Parkhotel die erste Adresse. Wichtige Tagungen fanden dort statt, mit ebenso wichtigen Leuten, und nicht selten warteten mehrere Limousinen vor dem Hoteleingang, manches Mal

Das Parkhotel am Listplatz war das beste Haus am Platze; hier stieg auch die Prominenz ab.

- Das Olympia-Theater am Federnseeplatz feiert sein 25-jähriges Jubiläum als Lichtspielhaus.
- Der Kindergarten der Leonhardsgemeinde wird eröffnet. Er nimmt 60 Kinder auf und befindet sich im neuen Gemeindehaus.

November

- Reutlingen hat fast 70.000 Einwohner, davon 4 % Ausländer und 26 % Heimatvertriebene.

Dezember

- Das Möve-Werk feiert sein 50-jähriges Bestehen.
- Der von der GWG neu erstellte Kindergarten im Kleinen Bol wird eröffnet.
- Die Stadt steht auf der Größenordnungstabelle Deutschlands auf Platz 80. 1950 stand sie noch an 92. Stelle. Reutlingen wächst dynamisch, 711 Wohnungen werden 1961 gebaut.
- Die Straßenbahn befördert 7,4 Mio. Fahrgäste.

1962

Januar

- Der Reutlinger General-Anzeiger feiert sein 75-jähriges Bestehen. Er hat eine tägliche Auflage von 29.000 Tageszeitungen.
- Im Heizkraftwerk Orschel-Hagen laufen 20.000 Liter Heizöl ins Freie aus und bilden einen See. Damit es nicht im Boden versickert, wird es gezielt entzündet. Die Feuerwehr überwacht zwei Tage lang den brennenden See.
- »Klein Venedig« wird auf Antrag der Stadt, zusammen mit der Hahn'schen Mühle, aus der Liste der Baudenkmäler gelöscht, um die B 312 als Ost-West-Trasse vierspurig durch die Stadt führen zu können.

Februar

- Fabrikant Julius Kemmler spendet der Stadt 10.000 Mark für eine Konzerthalle.

sogar Rolls-Royce und 600er Merce-des, die legendären Pullmans.

Es gab ein Café, ein Restaurant, eine große bewirtschaftete Terrasse, eine Tages- und eine Abendbar. Auch eine Bierstube gab's, allerdings war diese in Richtung Bahnhofstraße gelegen und gehörte offiziell nicht zum vorneh-men Hotel. Die Gäste der Bierstube unterschieden sich dann auch deutlich von den Gästen des Tagescafés, denn schon am Samstagmorgen floss hier der Gerstensaft in Mengen. Gleich daneben befand sich das Reutlinger Verkehrsbüro. An dieser Stelle befin-det sich heute das bekannte Bierlokal »Zum Köppes«.

*I*m Park vor dem Hotel kniete das nackte, lebensgroß in Bronze gegossene Mädchen vor einem ebenso bronzenen Fohlen. Ein höchst umstrittenes Standbild, welches von der Stadtverwaltung irgendwann mal mitten auf die Wiese gestellt wurde. Vermutlich deshalb, weil wir Kinder ihr im Vorbeigehen immer fast zwanghaft und laut kichernd auf den Hintern klopfen mussten. Sie war ja auch ein liebliches Ding – noch lange keine Frau, aber auch schon kein Kind mehr. Der Künstler hatte ihr zarte Brüste modelliert, die ebenso zum Berühren einluden. Beide Körperteile glänzten strahlend hell vom vielen Betatschen.

Berühmt war der Kinderfasching, der jedes Jahr im Hotel ausgerichtet wurde. Er konkurrierte mit der größten Kinderfaschingsveranstaltung Reutlin-gens, die in der Listhalle stattfand.

Das Parkhotel wurde 1975 abgerissen und durch den neuen Kronprinzenbau ersetzt.

Mit der Bahn unterwegs

Die Straßenbahn fuhr noch quer durch die Stadt. Aus wirtschaftlichen Grün-den wurde sie in den frühen Siebzigern stillgelegt. Keiner verstand diese Entscheidung. Vielleicht entsprach die Bahn nicht mehr dem neuesten Stand der Technik?

Zugegebenermaßen hatten die ältes-ten Waggons einen wahrhaft nostal-gischen Charakter: Holzbänke, unter denen die Heizung im Winter eine fast unerträgliche Hitze entwickelte. Die Schaffner zogen an einem Lederrie-men, der sich von Wagen zu Wagen bis nach vorne zum Fahrerstand spannte, und lösten damit eine laute Messingglocke aus, die dem Fahrer die Bereitschaft zur Weiterfahrt signali-sierte.

Der wahre Grund für das Straßen-bahnsterben war jedoch wirtschaft-licher Natur: Seit Jahren schrieb die

Beim Kinderfasching in der Listhalle wurden stets die besten Kostüme prämiert.

Eine der moderneren Straßenbahnen in der Albstraße.

Die Tram fuhr die Wilhelmstraße entlang; am Marktplatz gab es eine Ausweichstelle.

- *Der Februar ist frostig, es schneit an 25 Tagen.*

März

- *Paul Stritt, bekannt als Gründer des Jugendfilmclubs (JuFi), wird zum Kreisjugendpfleger bestellt.*
- *Haux und Krais feiert als »Spezereiengeschäft« sein 100-jähriges Jubiläum.*
- *Ebenso 100 Jahre alt wird der Turngau Achalm.*
- *Die freiwillige Schluckimpfung gegen Kinderlähmung wird in Reutlingen eingeführt. Ein beachtlicher Teil der Bevölkerung beteiligt sich.*
- *Der Schwäbische Albverein hat 1.492 Mitglieder.*
- *Das Samenhaus Sprandel begeht sein 50. Firmenjubiläum.*

April

- *Der Fabrikant Louis Weber von Burkhardt & Weber stirbt im Alter von 74 Jahren. Er gilt als Erfinder der Transferstraße.*
- *Allein die Reutlinger Ortsgruppe des Deutschen Alpenvereins hat 1.200 Mitglieder.*
- *Der 11. Landesschützentag findet in Reutlingen statt. Es marschierten 24.000 Schützen aus 500 Vereinen durch die Innenstadt.*
- *Kaiser- und Bismarckstraße werden zu Einbahnstraßen, um mehr Verkehrssicherheit zu erlangen.*

Mai

- *Die Pädagogische Hochschule wird in Reutlingen eröffnet. 300 Studenten haben sich eingeschrieben.*
- *Einer amtlichen Mitteilung nach wuchs die Bevölkerung Reutlingens in 160 Jahren um das 16-fache. Von 9.993 Personen 1803 auf 67.407 in 1962.*
- *Bei Emil Adolff in der Schieferstraße brennt der Dachstuhl.*
- *Der Rad- und Motorsportclub Reutlingen wird 75 Jahre alt.*

Städtische Straßenbahngesellschaft rote Zahlen.

Nach getaner Arbeit »schliefen« die Straßenbahnen in Eningen im Depot. Dort befand sich (und befindet sich noch heute) ein Bahnhof, der aussah wie ein »echter« Bahnhof und nicht etwa wie eine Straßenbahnhaltestelle. Er stammt jedoch noch aus der Zeit, als das dampfbetriebene »Büscheles-bähnle« von 1896 bis 1912 zwischen dem Reutlinger und dem Eninger Bahnhof verkehrte. Die Trasse des »Büschelesbähnles« nutzte dann auch die Straßenbahn, allerdings erst ab dem Albtorplatz, denn die Gleise für

Waren in einem Waggon alle Plätze besetzt und eine ältere Dame stieg zu, der man nicht sofort einen Platz anbot, konnte es passieren, dass einem ein wildfremder Mann eine Backpfeife verabreichte.

die Elektrische wurden von der Gartenstraße in die Wilhelmstraße verlegt.

Eine andere Strecke führte, ausgehend vom Südbahnhof, nach Pfullingen. Richtung Norden erreichte man mit der Tram Orschel-Hagen. Die Betzinger Linie führte die Tübinger Straße und die Steinachstraße entlang bis ins

Zentrum von Betzingen. Eine weitere Gleisspur brachte uns bis nach Alten-burg. Dies war eine höchst idyllische Wegführung, durch Rommelsbach hindurch, vorbei an Streuobstwiesen und Feldern. Ab Oferdingen, wo das nördliche Depot lag, beschrieben die Schienen einen Linksbogen, und die Bahn wackelte quietschend entlang des Neckartaltraufs hinunter nach Altenburg zur Endstation. Wir genos-sen einen herrlichen Blick über den Altenburger Baggersee und das Tal bis hinüber nach Pfrondorf. An der einzigen Altenburger Haltestelle wartete das Gasthaus »Zum Neckartal« auf uns. Eine Flasche Himbeersprudel kostete 50 Pfennig.

So war das mit der Reutlinger Straßen-bahn. Eigentlich schade, dass es sie nicht mehr gibt.

Und dann gab es noch die *»Samen-schell«* – einen Bummelzug der Westdeutschen Landesbahn. Den spaßigen Namen hatte sie von den Reutlingern sicherlich bekommen, weil die Endstation Gönningen bekanter-maßen eine Hochburg der Samen-händler war. Die Strecke führte vom Reutlinger Westbahnhof nach Gönnin-gen, über die Stationen »Betzingen«, »Ohmenhausen«, »Mähringen«, »Gomaringen« und »Bronnweiler«.

Die Straßenbahntrasse verlief entlang der Rommelsbacher Straße an Orschel-Hagen vorbei.

Die Fahrt ging im Frühjahr durch blühende Wiesen und an romantischen Bahnhöfen vorbei. Die »Samenschell« brachte morgens stets Dutzende von Pendlern nach Reutlingen und abends wieder zurück nach Hause. Mittlerweile liegen keine Gleise mehr und sämtliche Bahnhöfe, die heute alle unter Denkmalschutz stehen, sind in privater Hand.

Auch das *Honauer Bähnle* gibt es heute nicht mehr. Die Trasse verlief vom Hauptbahnhof aus parallel zum Panoramaweg, vorbei an den Stationen »Südbahnhof«, »Pfullingen«,

»Unterhausen«, »Honau« und dann über den Zahnradaufstieg hoch hinauf bis zur Station »Traifelberg«. Für den Personenverkehr wurden die bekannten weinroten Schienenbusse eingesetzt. Sie wurden liebevoll auch »Rote Brummer« genannt, weil die starken Dieselmotoren einen charakteristischen dunklen Brummton von sich gaben, der weithin vernehmbar war. Es gab Hunderte von Pendlern im Echaztal, die das Honauer Bähnle gerne nutzten und somit die Straßen entlasteten. Aber auch richtige Güterzüge nutzen die Trasse des Honauer Bähnles. Sie brachten per Dampf-

Juni
- Das traditionelle Kinderfest findet statt. 4.500 Kinder nehmen am Festumzug und dem anschließenden Nachmittag im Wasenwald teil. Sondelfingen und Betzingen führen eigene Kinderfeste durch.

Juli
- Die Polizei zieht in die ehemalige Wirtschaftsoberschule in die Lindachstraße; als Dauerlösung ist diese Unterkunft jedoch nicht gedacht.
- Die Betzinger Sängerschaft wird 125 Jahre alt.
- Die Oberlinschule im Ringelbach erhält Reutlingens erstes Lehrschwimmbecken. Die Gustav-Werner-Stiftung steuert die Hälfte der Baukosten bei: 70.000 DM.
- Das Gasthaus »Schwane« am Marktplatz, eines der ältesten Gasthäuser Reutlingens, muss dem Rathausneubau weichen.
- Die Reutlinger Straßenbahn feiert ihr 50-Jähriges. Sie ist Nachfolgerin der sogenannten Büschelesbahn, die von 1899 bis 1912 die Stadt durchfuhr.
- Anlässlich des 80. Geburtstags von Prof. Dr. Eduard Spranger wird eine Schule nach ihm benannt.
- Ohmenhausen feiert ein Kinderfest und weiht den Sportplatz der Waldschule ein.

August
- 10 Botschafter afrikanischer Staaten besuchen Reutlingen und werden vom Gemeinderat zum Mittagessen eingeladen.
- Der August war mit durchschnittlich 34 °C sehr heiß.
- Die älteste Bürgerin, Marie Fassnacht, stirbt 99-jährig im Bürgerspital.

September
- Der 93. Evangelische Jungmännertag findet in Reutlingen statt. Im Stadion Kreuzeiche treffen sich 8.000 junge Christen. 800 Bläser spielen auf.

Das Gönninger Bähnle, auch »Samenschell« genannt, brachte viele Pendler zum Westbahnhof.

... und hoch geht's auf den Traifelberg.

hundert in unsere Stadt. Soravia-Eisdielen gab es drei in der Stadt, das Lazz war »nur« einmalig, es lag aber in der mittleren Wilhelmstraße und war daher sehr angesagt und beliebt. Es drehte sich dabei allerdings nicht nur um den Eisgenuss – es ging bereits auch schon ums Freundetreffen und Gesehenwerden. Das älteste »Sorre« befand sich am Alteburgplatz neben dem Gasthaus »Schiff«, unterhalb des Kepler-Gymnasiums. Dieses Häuserkonglomerat musste dem Nordsternhaus weichen. Die Tübinger Straße verlief damals noch von den Bösmannsäckern über einen beschrankten Bahnübergang bis hin zur Kreuzung Tübinger Tor.

Dann gab's noch eine Eisdiele »Soravia« in der Karlstraße neben dem Hochhaus und eines am Albtorplatz neben der Drogerie Eisenmann. Nach Fertigstellung des neuen Rathauses übernahm Familie Soravia/La Gamma das Eiscafé, das zwischen den Verwaltungsgebäuden lag. Die Familie verkauft bis heute noch ihre traditionsreichen italienischen Eisspezialitäten in Reutlingen. Allerdings hat sie schon lange kein Monopol mehr auf Eisbecher und Cappuccino.

lokomotive sperrige Güter in die Betriebe entlang der Echaz. Einige der Unternehmen in Pfullingen oder Unterhausen hatten sogar einen eigenen Gleisanschluss.

Eisdielen

Reutlingen hatte zwei Eiskonditor-Dynastien, die in der Stadt eindeutig die Marktführerschaft innehatten. Das »Soravia«, kurz »Sorre«, und das »Lazzarin«, kurz »Lazz« genannt. In gewisser Weise war der italienische Einwanderer Soravia der erste Gastarbeiter Reutlingens, denn er kam mit seiner Familie bereits im 19. Jahr-

Die Tübinger Straße; das Gasthaus »Schiff« und die Eisdiele Soravia mussten fallen.

Oktober
- OB Kalbfell feiert seinen 65. Geburtstag im Parkhotel.
- Der Oktober ist einer der wärmsten Monate des Jahres.

November
- Die vierklassige Volksschule in Orschel-Hagen erhält den Namen »Friedrich-Silcher-Schule«.

Dezember
- Der erste Spatenstich zum Rathausneubau erfolgt. Von diesem Tage an buddeln die Bagger in der Reutlinger Innenstadt. Im Jahr 1962 werden 1.038 Wohnungen in 532 Häusern gebaut.

1963

Januar
- Der Neubau der für 18 Klassen konzipierten Eduard-Spranger-Schule in der Paul-Pfitzer-Straße wird beschlossen. Baukosten 5,7 Mio. Mark.
- Extreme Kälte: bis −22 °C.

Februar
- Das Rote Kreuz in Reutlingen wird 100 Jahre alt.
- Ein Feuer zerstört ein altes Weingärtnerhaus am Zwinger in der Jos-Weiß-Straße. Die Feuerwehr ist zwar zügig zur Stelle, das Löschwasser gefriert jedoch »sofort nach Verlassen der Schläuche«.
- Es wird noch kälter: bis −25 °C.

März
- Sondelfingen hat 3.172 Einwohner. 12 % davon sind Heimatvertriebene.
- Das Kuratorium Reutlinger Jugendhaus e. V. wird gegründet. Es möchte sinnvolle Freizeitgestaltung anbieten.
- Die Lederfabrik Knapps & Schwandner feiert ihr 75-jähriges Bestehen.
- Reutlingen überschreitet die 70.000-Einwohner-Marke.
- Kältester März seit Jahrzehnten.

Eine aufregende Jugend

Die Konfirmation

Jeder musste da durch! Dabei war nicht, wie oft behauptet, die einzige Motivation die Aussicht auf wohlgefüllte Geldumschläge. Die Konfirmation war auch ein Gruppenerlebnis der besonderen Art. Der Konfirmationsunterricht erfolgte, anders als in der Schule, ohne jeden Erfolgsdruck. Ein kurzes Verslein für den freien Vortrag in der Marienkirche – mehr war nicht gefordert. Das Opfer, sich ein Jahr lang einen Abend pro Woche der Kirche und dem Pfarrer zu widmen, war eigentlich gar keines, denn vor und nach dem Unterricht waren wir Halberwachsene unter uns. Irgendwie erblühte in jener Zeit auch das Interesse am anderen Geschlecht. Die Mädchen aus dem IKG, auch »Backfischaquarium« genannt, hatten in der Schule ja keinerlei Kontakt mit Jungs und sie waren für die neuen Perspektiven, die der »Konfis« bot, besonders empfänglich. Ab der Konfirmation sprachen einen plötzlich Leute mit »Sie« an. Auch Nachbarn, von denen man bislang geduzt worden

1 Konfirmationsgruppe vor der Marienkirche
2 Kommunionsgruppe vor der St.-Wolfgang-Kirche
3 DIE BRAVO war Pflichtlektüre. Bereits damals mit grenzwertigen Berichten über den Geschlechterkampf.
4 Bücherverbrennung auf dem Kanzleiplatz

Die männlichen Konfirmanden der Hermann-Hesse-Realschule hatten eine ganz eigene Methode entwickelt, das – nach der Konfirmation reichlich vorhandene – Bargeld durchzubringen: sie pokerten im Pausenraum. Einer der Schüler soll in einer einzigen großen Pause 700 Mark verzockt haben! Das gab Tränen und böse Anrufe von verzweifelten Eltern – die Spielkarten waren fortan in den Schulen verboten.

war. Dieses Ereignis war schon ein deutlicher Schritt in Richtung Erwachsensein.

Die monetären Zuwendungen, die das Fest einbrachte, wurden meist von den Eltern verwaltet und auf einem Sparbüchlein angelegt. Natürlich versuchten die Eltern ihre Kids bezüglich der Verwendung des Konfirmationsgeldes zu beeinflussen, aber eine gewisse Freiheit besaß ein 15-Jähriger schon. Häufig floss das Geld daher in die Finanzierung einer eigenen Stereoanlage oder eines Mofas.

»Maienstecken«

Da wurde die Nacht zum Tage gemacht. Das »Maienstecken« hatte damals einen recht großen Stellenwert. Es gab wohl keine Clique, die nicht unterwegs war, um irgendwelchen Unsinn zu

April

- Die Straßenbahn- und Omnibustarife erhöhen sich. Die Gesellschaft verbucht über 600.000 Mark Verlust in einem Jahr.
- Die Reutlinger Naturfreunde werden 50.
- Der Kreistag beschließt den Bau eines Schwesternhauses am Krankenhaus. Es soll 100 Schwestern Wohnraum bieten.
- Das Jugendheim für die DGB-Jugend in der Lederstraße wird eröffnet. Es sind auch Veranstaltungen für nichtorganisierte Jugendliche vorgesehen.
- Der April ist sehr warm.

Mai

- In Reutlingen stehen 10.198 bewohnte Gebäude mit 19.598 Wohnungen. 62 % davon sind Mietwohnungen.
- Das Gasthaus »Germania« kann auf eine 100 Jahre lange Tradition zurückblicken.
- »Unter den Linden« hieß damals noch »Kirchhofstraße«.
- Der Mai ist kühl und regnerisch.

Juni

- Das Pfingsttreffen der Heimatvertriebenen findet statt. 10.000 Pommern kommen.
- Reutlingen hat 5.916 Volksschüler. Die meisten Schüler, 788, gehen in die Römerschanz-Schule.
- In Reutlingen wird der »Miniatur-Golfclub« gegründet. Im Café Ernst treffen sich 50 Interessierte. Eine Anlage ist geplant.
- Das Naturtheater im Wasenwald begeht 100-jähriges Jubiläum. Mit der Aufführung von »Die Kreuzlschreiber« von Ludwig Anzengruber beginnt die neue Spielzeit.
- Feierliche Grundsteinlegung des neuen Rathauses.
- Der Juni ist schwül und regenreich.

Juli

- Eine Jungbürgerfeier findet in der Listhalle statt. Innenminister Dr. Filbinger begrüßte 450 Neubürger der Stadt.

machen. Autos wurden mit Klopapier eingewickelt und den Lehrern etwas Ekliges in den Briefkastenschlitz gesteckt. Kein Gartenzauntürchen war vor einer Entführung sicher. Aber es einfach fortzutragen und in irgendeine Ecke zu stellen, das war uns zu profan. Nein, wir tauschten die gesamten Türchen einer Straße untereinander aus, sodass keines mehr passte. Oder wir trugen sie alle, zusammen mit Fahrrädern, Leitern, Schubkarren und anderen Gegenständen, an einem Punkt zusammen und türmten alles aufeinander. Am nächsten Morgen traf sich dann halb Gmindersdorf auf dem sogenannten Marktplatz und fischte

Ein misstrauischer Hausbesitzer wachte einmal bis in die frühen Morgenstunden hinein am Fenster hinter dem Vorhang, damit es ja keinem gelang, ihm einen Maienstreich zu stecken. Während er die gesamte Straße ununterbrochen beobachtete, verbarrikadierten wir ihm in Windeseile seinen Hintereingang mit Brennholzscheiten.

sich aus dem Stapel, den wir errichtet hatten, das Eigentum wieder heraus. Es fanden sich Gartentische und Stühle auf Garagendächern wieder und Hollywoodschaukeln beim Nachbarn auf der Terrasse. Auch wenn es die Betroffen nicht besonders spaßig

fanden, der Reutlinger General-Anzeiger berichtete stets fleißig über die harmlosen Späße der ersten Mainacht.

Badevergnügen

Das Reutlinger *Freibad* lockte in jedem Jahr ab Mai viele Besucher an. Es wurde 1955 feierlich eröffnet. Das alte Arbachbad in der Albstraße wurde der Natur übergeben und wucherte danach sukzessive zu. Bis heute, denn bislang wurde das Gelände keinem Zweck zugeführt. Jede Clique besetzte eine ganz bestimmte Stelle der Liegewiese auf dem weiten Freibadgelände, z.B. hinter der Tribüne, am Sprungturm oder am Nichtschwimmerbecken. Der einzige Kiosk im Freibad bot damals lediglich eine Sorte Eis, die klassische Waffel für 40 Pfennig, die auch, diagonal in zwei Hälften zerschnitten, für 20 Pfennige erhältlich war. Zu trinken gab es Milch, Butter- oder Erdbeermilch. Sie wurde, wie beim »Milcher«, mit großen Schwengeln aus dem gekühlten Tresen in Becher aus schlagfestem Kunststoff gepumpt.

Die Luft im Freibad roch charakteristisch – nach einer Mischung aus Chlor und Sonnenöl. Manchmal auch hauchzart nach Pipi.

Beim »Maienstecken« im Gmindersdorf war kein Gartenzauntürchen vor uns sicher.

Im Freibad ging es oft heiß her. 10.000 Besucher täglich waren keine Seltenheit.

Die Wasserrutsche im Nichtschwimmerbecken brachte uns einen Riesenspaß.

Die drei Drehpilze auf dem Freibadgelände waren eine Herausforderung und Möglichkeit für sportliche Ertüchtigung. Es gab dieses Spielgerät in drei verschiedenen Größen. Der geschickte Pilzdreher sprang, mit den Händen das Gestänge greifend, auf und wieder ab. Es gehörte schon einiges an Übung dazu, sich bei hoher Drehgeschwindigkeit in das Gestänge unter dem Dach einzuhängen. Wenn drei oder vier der »Pilzdreher« zusammenhielten, zeitgleich absprangen und dabei dem Pilz nochmals einen ordentlichen Schwung mitgaben, konnte sich der Letzte nicht mehr halten und flog im hohen Bogen auf die Wiese.

- Die letzten 70 Flüchtlingsfamilien aus dem Flüchtlingslager St. Johann finden eine neue Heimat in Orschel-Hagen.
- Kontrollmarken an Mülleimern werden eingeführt. Die Jahresgebühr für einen 30-Liter-Eimer beträgt 2 Mark.
- Das Jugendhauskuratorium stellt den Antrag, die Villa Jopé zu einem Jugendhaus zu machen und einen Jugendpfleger als Leiter einzustellen.
- Im Juli gibt es viele Gewitter. Es ist bis zu 31 °C heiß.

August
- Das Listdenkmal am Bahnhof wird 100.
- Der August ist verregnet.

September
- Reutlingen erhält eine »grüne Welle« von der Karlstraße bis zur Georgenstraße. Die Gartenstraße wird Einbahnstraße.
- Zum Bundestreffen der Donauschwaben begrüßt Ministerpräsident Kurt Georg Kiesinger 12.000 Gäste. Allein im Kreis Reutlingen leben 6.000 Donauschwaben.
- Der Männerverein Reutlingen kann sein 100-jähriges Bestehen feiern. Der Männerverein hob 1959 den Karneval in Reutlingen aus der Taufe.
- Der Kindergartenneubau in der Ringelbachstraße wird seiner Bestimmung übergeben. Er kann 80 Kinder aufnehmen.
- Der September ist zu warm, zu trocken.

Oktober
- Die Liedertafel Concordia feiert ihr 130. Stiftungsjubiläum.
- Die Stadt bringt ein Amtsblatt heraus mit den Einwohnerverlusten in den beiden Weltkriegen. Demnach sind im Ersten Weltkrieg 837 Reutlinger gefallen und im Zweiten 2.097 – ohne die Zahl der Vermissten.
- Der Oktober ist trocken und schön.

November
- Das evangelische Gemeindehaus in der Mittnachtstraße wird eingeweiht.

In den ersten Jahren nach der Eröffnung gab es im Freibad kaum Schatten. Noch waren die frisch gesetzten Bäume und das Buschwerk niedrig. An jeder Ecke dudelte ein anderes Transistorradio. Übertönt wurden diese nur von den Lautsprecherdurchsagen des Schwimmmeisters. Der wohl häufigste Satz war: »Der kleine ... sucht seine Eltern. Er ist an der Schwimmmeisterkabine abzuholen.«

Unser Reutlinger *Hallenbad* in der Albstraße wurde in den Dreißigerjahren im Bauhausstil erbaut und war daher bereits in den Sechzigern streng denkmalgeschützt. Als wir dort unseren ersten Schwimmunterricht hatten, war es bereits über dreißig Jahre alt und einigermaßen abgenutzt. Das Wasser quälte uns mit unbequemen 20 Grad und der Lärm in der Schwimmhalle, entstanden durch unser eigenes Geschrei, war, bedingt durch die Raumakustik, ohrenbetäubend und beinahe unerträglich. Der Spaßfaktor hielt sich daher auch in Grenzen. Eine Abteilung hieß »Wannenbäder«, und tatsächlich fanden sich dort, meist am Wochenende, Familien aus bäderlosen Altbauwohnungen zur Körperreinigung ein.

Wer den konstant hohen Lärmpegel des Freibads nicht mochte, den zog es an heißen Tagen eher an den *Baggersee*. Überhaupt polarisierte das sonntägliche Schwimmvergnügen die Reutlinger. Baggerseebader mieden das Freibad und andersherum. Der Kirchentellinsfurter See erwärmte sich im Sommer rasch auf angenehme Temperaturen. Baggerseen sind ja nicht besonders tief, im Schnitt etwa drei Meter, und die Wasserqualität war zwar etwas schlammig, aber das war uns gleichgültig. Einen Kiosk gab es auch – hier wurden Getränke, Landjäger und Eis verkauft. Der Baggersee kostete zwar keinen Eintritt, aber geringe Parkgebühren mussten gezahlt werden. Oft ging es nach Feierabend mit der ganzen Familie kurz zum Abkühlen an den See.

In den Ferien tröstete der nahe Baggersee die Daheimgebliebenen über die versäumte Reise in ferne Länder hinweg. Später dann, als wir selbst mobil waren, ging es mit dem Fahrrad oder dem Mofa an den See. Wir fuhren direkt bis ans Ufer und breiteten unsere Decken großflächig aus. Nachts im Baggersee zu baden, nicht selten im Eva- und Adamskostüm, gab erst den richtigen Kick. Und für die Jungverliebten waren die Büsche nicht weit. Lagerfeuer waren zwar nicht gestattet, dennoch flackerten sie an lauen Sommerabenden um den ganzen See herum.

So kennen wir noch das Hallenbad: das Wasser saukalt, der Lärmpegel fast unerträglich hoch.

Mofarocker

Jungs, die ein Mofa ihr Eigen nennen konnten, hatten bei den Mädels beste Chancen. Es wurde mühsam vom Konfirmationsgeld finanziert, obwohl bereits ein Jahr später der Kauf eines Mopeds anstand. Um so ein Moped fahren zu dürfen, war allerdings der »Vierer« erforderlich und den konnte man erst mit 16 Jahren machen. Mofas durfte man bereits ab 15 und führerscheinfrei fahren. Eine »Zündapp« war der Favorit, zumindest bei den Jungs mit sportlichen Ambitionen. Die »Zündschnapp«, wie wir sie ironisch nannten, hatte nämlich eine Zweigangschaltung. Sie konnte leicht etwas getunt werden und lief dann gerne auch mal 40 Stundenkilometer.

Die Mädchen bevorzugten als eigenes Gefährt das italienische Modell »Ciao«. Der Motor war in dem zierlichen Rahmen des Mofas zwar fast nicht auszumachen, es fuhr jedoch auch ganz ordentlich schnell und musste nicht geschaltet werden, weil es eine Fliehkraftkupplung hatte. Während der Fahrt mussten die Füße nicht auf den Pedalen verweilen, sondern sie konnten grazil auf den tiefen Rahmen gestellt werden. Bei den Mädchen sah dies toll aus, bei den Kerlen jedoch recht dämlich. Auf

der Beliebtheitsskala im Mittelfeld lagen die »Hercules« und die »Victoria«. Beide waren baugleich und unterschieden sich nur in der Farbe – Victoria grau und Hercules orange. Fast 700 Mark mussten für ein solches Mofa auf den Tresen gelegt werden. In dieser Zeit wurden auch größere Käufe stets in bar bezahlt. Schecks oder gar Kreditkarten waren noch nicht verbreitet. Günstiger, für knappe 400 Mark,

Von den Jungs waren einige mehrfach in »Easy Rider«, dem amerikanischen Kultstreifen. Wenn du Pech hattest, musstest du neben einem Easy-Rider-Fan sitzen, der sich den Film zum wiederholten Male ansah. Dieser Typus war nervig, weil er fast zwanghaft jede Aktion im Film zwei Sekunden vorab kommentieren musste. Etwa »Pass uff, glei schuissdrn ra«, kurz bevor ein Redneck Dennis Hopper alias Billy von seinem Bike schießt. Auch versuchte er, jeden Song mitzusingen. Sein gejammertes »Don't bogart the Joint my friend« verursachte bei den Nebensitzern fast körperliche Pein.

wurde das »Solex« angeboten. Aus unserer Sicht war dies jedoch kein richtiges Mofa, sondern nur ein Fahrrad mit Hilfsmotor. Jener war über dem Vorderrad montiert und wurde im Fahrbetrieb auf den Reifen abgesenkt.

- Die christliche Pfadfinderschaft nimmt Abschied von ihrem langjährigen Gauführer Fritz Wolf.
- Schöner November.

Dezember
- Die Maschinenfabrik Burkhardt & Weber feiert ihr 75-jähriges Bestehen. Sie liefert elektronisch-numerisch gesteuerte Sondermaschinen in die ganze Welt.
- Der Kindergarten in der Heilbronner Straße in Orschel-Hagen wird eingeweiht. Die GWG baute das Gebäude für 80 Kinder, Kosten: 280.000 DM.
- Der Ortsclub des ADAC feiert sein 40. Jubiläum.
- Der Dezember ist sehr trocken und kalt.
- Reutlingen begrüßt im Jahr 1963 7.050 Zugezogene. Die Feuerwehr muss 89-mal ausrücken und das Rote Kreuz hilft bei 4.000 Einsätzen.

1964

Januar
- Mitte Januar wird bekannt, dass die Reutlinger Firma Ulrich Gminder zu einem Bosch-Betrieb wird. Ein Umschulungs- und Einlernprogramm soll der Überleitung der Arbeitskräfte auf die neuen Tätigkeitsgebiete im Bereich Kfz-Ausrüstung dienen. Robert Bosch übernimmt sämtliche Gminder-Aktien.
- Sondelfingen erhält eine Stadtbücherei.
- Der Bau eines Lehrschwimmbeckens in der Waldschule in Ohmenhausen wird beschlossen.

Februar
- Der Luftsportverein Reutlingen bezieht sein neues Fliegerheim im Gewand Grund.
- Für das neue Rathaus wird in der Lederstraße 90 ein Heizwerk gebaut.

März
- Der Heimatdichter Ludwig Finckh stirbt kurz vor seinem 88. Geburtstag. Seine Urne wird am Fuß der Achalm beigesetzt.

Wer 16 war und den »Vierer« gemacht hatte, durfte Moped fahren. Ein Moped kostete dann jedoch schon einen vierstelligen Betrag. Hier waren die »Maico«-Fahrer die Könige. Eine »Maico« sah fast wie ein Motorrad aus und hatte auch ähnliche Beschleunigungswerte, dicht gefolgt allerdings von den viertaktigen Hondas. Weniger beliebt waren hingegen die Kreidler »Florett« und Roller aller Marken – aber lieber schlecht gefahren als gut gelaufen, war da die Devise.

Eigentlich träumten wir jedoch von ganz anderen »Bikes«. Der amerikanische Streifen »Easy Rider« mit Peter Fonda in der Hauptrolle zeigte uns, was Freiheit auf zwei Rädern wirklich bedeutete. So ein Chopper, das wär's! Sicherlich hätte der eine oder andere von uns gern die Vorderradgabel an seinem Zweirad im Stil der amerikanischen Harleys umgebaut und einen guten halben Meter nach vorne versetzt, der deutsche TÜV machte hier allerdings nicht mit. Den Tank und den Helm mit Stars and Stripes zu bepinseln – das war jedoch gestattet. Dieser US-amerikanische Film aus dem Jahre 1969, der als Kultfilm und Road Movie das Lebensgefühl der Sechzigerjahre beschreibt, war für uns ein absolutes Muss. Er lehrte uns einiges über die amerikanischen Hippies. Zum Beispiel,

dass Marihuana geraucht und LSD geschluckt wird. Aber auch, dass die Einnahme von Letzterem zu üblen Horrortrips führen kann. »Easy Rider« führte uns auf der Breitleinwand in den Süden der USA und durch das Monument Valley. Zum ersten Mal wurde ein Film mit zeitgenössischer Rockmusik untermalt. Heute noch können viele Steppenwolfs »Born to Be Wild« oder »The Pusher« mitträllern. Die Hippieszene der USA wurde wildromantisch dargestellt, obwohl

Drogenexzesse und Brutalität ebenfalls hier zu finden waren. Dieser in Darstellung und Musik faszinierende Film rettete die Motorrad-Firma Harley-Davidson indirekt vor dem Ruin, obwohl im Film nur alte, fantasievoll umgebaute Modelle zu sehen waren. Erst nach dem Filmerfolg begann die Motorradschmiede in Milwaukee damit, solche Chopper bereits ab Werk anzubieten. Heute hat fast jeder Motorrad-Hersteller einen von »Easy Rider« inspirierten Cruiser im Programm.

Ein Solex war zwar kein Hercules-Mofa ... aber dennoch brachte es einen zügig zum Freund.

Theater und Kino

Vieles gab es damals, was es heute nicht mehr gibt und woran sich eine ganze Generation mit etwas Wehmut erinnert. Die fünf Filmtheater etwa, von denen heute gerade noch eines existiert. Nur die »Planie« hat durchgehalten.

Das »Olympia« am Federnseeplatz, nur wenige werden sich noch erinnern, wie das ehemalige Theater aussah, stellte als Erstes seinen Betrieb ein. Sang- und klanglos wurde es, wie so viele nach der Invasion der Fernsehapparate, geschlossen und abgerissen. Das Theater fiel einem modernen, viergeschossigen Versicherungsbau zum Opfer. Dabei hatten auf den Brettern dieses altehrwürdigen Theaters wahrhaftige Größen gestanden: Josephine Baker und Elisabeth Flickenschildt, um nur zwei zu nennen. Hans Grischkat dirigierte hier sein Schwäbisches Symphonieorchester

Die letzte Aufnahme vor dem großen Fall – das Olympia-Theater musste einem Neubau weichen.

April
- Bundeskanzler Ludwig Erhard spricht in der Listhalle.
- Die Alleebäume in der Lederstraße werden gefällt – wieder geht ein Stück Romantik in unserer Stadt verloren.
- Die Hahn'sche Mühle und der Gasthof »Sonne« werden abgerissen.
- In Reutlingen leben 2.934 ausländische Bürger. Das sind 4,1 % der Gesamtbevölkerung.

Mai
- Der Südwestfunk bringt eine Reportage über Reutlingen mit dem Titel »Eine Stadt wie jede andere«. Die Sendung ist jedoch so »langweilig«, dass der Sender auf Protest der Bevölkerung eine nachgebesserte Version zeigen muss.
- Die erste Immatrikulationsfeier in der PH findet statt.

Juni
- Die Siedlergemeinschaft Römerschanze/ Storlach feiert 10-jähriges Bestehen. Die 420 Mitglieder, größtenteils Heimatvertriebene und Kriegsversehrte, können zu günstigen Bedingungen Eigenheime erwerben.
- Der Bau des Gaskessels, auch Hochdruck-Kugelbehälter genannt, wird beschlossen.
- Der TSV Betzingen feiert sein 75-jähriges Jubiläum.
- Das Heimattreffen der Neu-Pasuaer findet in Reutlingen statt.

Juli
- Das Naturtheater spielt »Einen Jux will er sich machen« von Johann Nepomuk Nestroy.
- Eine Delegation der Partnerstadt Roanne mit Bürgermeister Pillet besucht die Stadt. Beim Empfang in der »Harmonie« nimmt der gesamte Gemeinderat teil.
- Abschluss der Bundesjugendspiele im Kreuzeichestadion, natürlich mit Siegerehrung durch OB Kalbfell, der als äußerst sportbegeistert gilt.

Das Filmtheater »Scala« musste dem Neubau von »Horten« weichen.

klassischer, halbkreisförmiger Theateranordnung standen, seinen Besuchern das Gefühl, in einem »richtigen« Theater zu sein. Bereits damals, 1935, mussten hübsche kleine Gerberhäuser dem Theaterneubau weichen. Die Trennung von geschichtsträchtigen Gebäuden und Vierteln zugunsten neuer Bauwerke war also keine reine Erscheinung der Sechziger.

Ebenso in Vergessenheit ist wohl auch das »Scala« geraten, wo neben dem Kaufhaus Merkur in einem zweckmäßigen Fünfzigerjahrebau die Filmprojektoren surrten. Es musste dem Kaufhaus Horten weichen, wie der Merkur nach dem großen Umbau hieß. Wie stolz war einer, dem es mit 16 gelang, sich in einen Film zu schmuggeln, der erst ab 18 freigegeben war. Wer wollte schon in »Das fliegende Klassenzimmer«? Gruselfilme, etwa »Die tausend Augen des Dr. Mabuse«, waren da schon eher attraktiv. Auch um in die Sexfilme zu kommen, musste man 18 sein oder zumindest so aussehen. »Zur Sache Schätzchen« mit Uschi Glas in der Hauptrolle gehörte zu den eher braven erotischen Streifen. Härter ging es da schon in Oswalt Kolles Aufklärungsfilmen und in der Reihe »Schulmädchenreport« zu. Am härtesten aber waren dann die wilden Siebziger. Die Reutlinger Bornhäuser

Filmgesellschaft produzierte, teilweise auch in der Villa Wagner in der Panoramastraße, Streifen, die bereits Softpornocharakter hatten, etwa »Liebesgrüße aus der Lederhose« oder »Ach du liebe Liesl, der Kolben läuft auch ohne Diesel«.

Heute sind auch die Bundeshalle (BuHa) in der Kaiserstraße und die Kammerlichtspiele (KaLi) in der Katharinenstraße verschwunden. Nur noch das Planie-Kinocenter blieb und wird immer noch von der Familie Creutz betrieben. Möglicherweise war an dem Kinosterben auch das Großraumkino in Stuttgart nicht ganz

und das Städtetheater Reutlingen–Tübingen feierte hier erste Triumphe. Kein Zweifel, in den dürren Nachkriegsjahren hatte das »Olympia« den Reutlingern gute Dienste geleistet, war es doch eine der wenigen Stätten, die Kultur und Abwechslung bot.

Da die Listhalle bei den Bombenangriffen heftig in Mitleidenschaft gezogen worden war, musste das Olympia-Theater temporär als Ersatz herhalten. Das Theater wurde im Olympiajahr 1936 eröffnet und erhielt daher diesen Namen. Es bot Logenplätze und sogar einen Balkon, und so vermittelte das »Olympia«, dessen 600 Plätze in

In der Beutterstraße, zwischen dem Verlagshaus des General-Anzeigers und den Planie-Lichtspielen, trafen sich einst Wilhelm Creutz, der Besitzer des Kinos, und Eugen Lachenmann, der GEA-Verleger. Lachenmann fragte in feinstem Schwäbisch provokant: »Ond, wa lauft heut in daim Scheißkino?«, worauf Creutz in Rheinländer Dialekt und schlagfertig geantwortet haben soll: »Guck halt hinein in deine Scheißzeitung, dann weißt du es!« Ansonsten waren die beiden Herren allerdings Stammtischfreunde und saßen jeden Samstagvormittag im Hinterzimmer des Café Finckh in der Wilhelmstraße beim Frühschoppen. Zusammen mit anderen Reutlinger Honoratioren.

unschuldig. Die Jugend wurde zunehmend mobiler und ein Kinobesuch gestaltete sich zu einem Ereignis, zu dem auch Bummeln und Einkehren gehörte.

Jeden Freitag gaben die Kinos durch große illustrierte Anzeigen im »Generaler« bekannt, was in der kommenden Woche gezeigt wurde.

Der JuFi (Jugendfilmclub) war über Jahrzehnte eine Reutlinger Institution. Er war in verschiedenen Kinos untergebracht und lange verweilte er in den Kammerlichtspielen. Bei angesagten Streifen stand die Schlange an der Kasse schon mal 50 Meter die Katharinenstraße hinab.

Clubs und Szenetreffs

Aus den Discotheken, etwa dem »Rodeo«, mussten wir bereits um 22:00 Uhr raus und es gab hier obendrein den kostspieligen Verzehrzwang. Eine »Cola Schuss« für 8 Mark war für uns ein enormer Betrag. Für so manchen Lehrling entsprach dies fast dem Tageslohn. So zogen wir schon aus diesen beiden Gründen die Jugendclubs vor. Jeder davon hatte seinen besonderen Charakter: Das »Action« (Jugend in Aktion) und das

Die Zelle zog vom Postareal am Karlsplatz in die Färberei Engel.

»Pupil« (beide waren im alten Rathaus untergebracht), das »Big Ben« und die »Zelle«. In Betzingen hinter der Gaststätte Karlshöhe rockte die Dorfjugend im »Team 65« ab. Der »Achalm-Club« lag versteckt in Obstbaumwiesen an einem Seitenweg des Königsträßle. Die Clubs polarisierten, denn kaum einmal wurde ein »Zelle-Gänger« im »Big Ben« gesehen oder andersherum.

Die »Zelle« lag im ersten Stock eines schon damals baufälligen Hauses hinter dem Ladenlokal der Firma Samen-Sprandel, auf dem Gelände des Telegrafenamts, das noch zur Bundespost gehörte. Heute steht dort die Commerzbank. Zwar bot die Zelle auch Kunstausstellungen und Nachwuchsbands eine Plattform, aber eigentlich war hier jedoch schon damals der Umschlagplatz für Haschisch. Das Lokal wurde Mitte der 70er in »Kulturschock Zelle« umbenannt. Die 68er-Generation, die ein paar Jahre älter war als wir, gab hier

Der Discokeller des »Action« im alten Rathaus – eigentlich hieß das Ganze »Jugend in Aktion«.

Viele von uns wollten gerne auch einmal Haschisch ausprobieren. Dies machten sich windige Pseudodealer auf dem Schulhof zunutze und verkauften uns kleine Mengen, die in Alufolie eingewickelt waren, für teures Geld. Diese kleinen Mengen des »Schwarzen Afghanen«, die aussahen wie Holzkohle, drehten wir aufgeregt in eine Zigarette hinein und reichten den Joint lässig, wie wir es aus dem Film »Easy Rider« kannten, im Kreise herum. Wir waren ziemlich enttäuscht, denn keiner von uns verspürte eine erwähnenswerte Wirkung. Wie später bekannt wurde, hatte man uns wahrhaftig Holzkohle angedreht.

den Rhythmus vor. Jene 68er, die wir alle bewunderten, weil sie lange Mähnen hatten, Schlabberklamotten sowie Wildlederboots trugen und intellektuellen Widerstand gegen das Bürgertum leisteten. Und gerade auch weil sie so Anrüchiges taten wie »Kiffen«. Spontisprüche wie: »Wer zweimal mit der gleichen pennt, gehört

Gleich fassweise lief das Königsbräu durch die Kehlen der Achalm-Club-Mitglieder.
Es durfte getrost laut gefeiert werden, denn das Königsträßle war etwa 500 Meter entfernt.

schon zum Establishment«, grassier-
ten und haben sich bis heute in unsere
Köpfe eingeprägt.

Sehr viel braver waren da schon die
»Big-Ben«-Gänger. Untergebracht war
diese Jugenddisco im Gemeindehaus
der katholischen Kirche St. Wolfgang.
Hier konnte sich schon naturgemäß
keine üble Szene entwickeln, denn die
Jugend war stets von den Eltern
überwacht und wohlbehütet. Trotzdem
wurde auch im Big Ben geküsst und
sich verliebt, wild geschwooft und
Alkohol getrunken, selten jedoch zu
viel. Die Mädchen, es wurde behauptet, es seien die hübschesten der
Stadt, wurden relativ frühzeitig, lange
vor Mitternacht, von ihren Vätern
abgeholt und standen pünktlich zum
vereinbarten Zeitpunkt oben vor
dem Eingang. Fünf Minuten zuvor
klammerten sie sich noch beim
Stehblues an ihren Auserwählten.
Wenn das Daddy gewusst hätte ...

Weniger bekannt war der »Ringelbachkeller«. Entstanden soll er sein, weil
der gehobene »Jazzclub in der Mitte«
den Studenten vorbehalten blieb. Der
Ringelbachkeller war im Keller der
Heimerzieherschule in der Ringelbachstraße untergebracht. Ein schlichtes
Kellergewölbe mit niedriger Decke,
in dem bei gut besuchten Veranstal-

*Fasching im Achalmclub – bereits damals war
offensichtlich der »coole Blick« angesagt.*

tungen kaum noch etwas vom obliga-
torischen Rotlicht wahrzunehmen war,
weil sich dichte Rauchwolken um die
Lämpchen ballten. Alkohol wurde zwar
nicht ausgeschenkt, dennoch vergnüg-
ten wir uns leidenschaftlich mit
endlosen Diskussionen über Chruschtschow, Gott, Fidel Castro und Günter
Grass. Getanzt hätten einige zwar viel
lieber als zu diskutieren, aber der Club
litt unter akutem Frauenmangel. Unter
den 50 Mitgliedern des Jugendclubs
gab es nur ein einziges Mädchen. Bei
Musikveranstaltungen musste also
jeder, der gerne schwoofte, ein
Mädchen mitbringen.

Die Gruppe »Jugend in Aktion« trug
ihren Namen zu Recht, denn die
Mitglieder taten aktiv und ehrenamt-
lich Dienst in Altenheimen. Die Stadt
wusste diesen Einsatz zu honorieren

Der Ringelbachkeller war eine Alternative zum studentisch unterwanderten Jazzclub in der Mitte.

Club« prangten dekorativ Heugabeln und Wagenräder an den Wänden. In den verschiedenen Clubs trafen sich Jugendliche mit jeweils ähnlichen Interessen und ähnlicher Weltanschauung. Im »Achalm-Club« ging's vor allem um Pferdestärken auf zwei und auf vier Rädern und um »Aufreißtechniken«. Der Alkohol floss in Strömen. In der *»Zelle«* hingegen frönte man der Kunst, dem Kommunismus, Che Guevara und dem Schwarzen Afghanen (von dem das Gramm zwischen drei und fünf Mark kostete).

Der *Deutsch-Französische-Club (DFC)* gehörte eigentlich nicht zu den echten Jugendclubs. Viele Mitglieder, meist Gymnasiasten, die gerne ihre frisch erworbenen Französischkenntnisse anwenden wollten, verbrachten dort im Keller des Hauses der Jugend in der Museumstraße einen beträchtlichen Teil ihrer Freizeit. Im DFC trafen sich die deutschen Jugendlichen mit den hier stationierten französischen Soldaten. Im Laufe der Jahre wandelte sich jedoch die Besucherstruktur. Plötzlich sah man kaum noch niedere Dienstgrade im DFC, sondern mehr und mehr Offiziere. Leutnant und Kanonier gehen sich in der Freizeit nämlich aus dem Weg. Unvergesslich bleiben die Faschingsbälle, die der DFC im Kasino in der Friedrich-Ebert-

und stellte den Keller des alten Rathauses zur Verfügung, der von den Mitgliedern liebevoll ausgebaut und eingerichtet wurde. Dem damaligen Zeitgeist entsprechend, wurden die Räumlichkeiten mit Wagenrädern, schweren Ketten und Kutscherlampen im Wildweststil dekoriert. Mit viel Holz, denn gemütlich sollte es dort unten zugehen. In den ersten Jahren musste jedoch auch im »Action«, wie wir es bald darauf nannten, auf Alkohol verzichtet werden. Als städtische Einrichtung durfte es im »Action« natürlich keine Alkoholexzesse geben, wie sie manchmal in anderen Clubs vorkamen. Ein größerer Raum im Obergeschoss des alten Rathauses

stand der Jugend für Vorträge und größere Veranstaltungen zur Verfügung.

Keinerlei Unterstützung von städtischer Seite erhielt der *»Achalm-Club«.* 1973 wurde er von den Mitgliedern dennoch aufwendig umgebaut. Dies gelang, weil im Achalm-Club eine Menge Handwerker als Clubmitglieder vertreten waren – Schreiner, Gipser, Fliesenleger und ähnliche Gewerbe. Hier wurde deutlich: Gleich und Gleich gesellt sich gern.

Auch hier spiegelte die Einrichtung den Wilden Westen wider. Alles hatte Salooncharakter, denn im »Achalm-

Straße jedes Jahr veranstaltete. Leider musste auch dieses imposante Gebäude im neoklassizistischen Baustil einer Wohnbebauung weichen, nachdem sich unsere französischen Besatzer endgültig aus Reutlingen verabschiedet hatten.

1965 wurde das lang ersehnte Jugendhaus »Bastille« in der ehemaligen Villa Jopé in der Rommelsbacher Straße mit einem Tanzabend eröffnet. Der neue Heimleiter, Herr Held, begrüßte 700 Jugendliche, denen hier 11 Räume zur Verfügung standen, davon drei für Bastelarbeiten, ein Musikkeller, ein Klubraum, ein Fotolabor und ein Bibliotheksraum.

Diskotheken

Da gab es in Reutlingen eine Institution, die über zwei Generationen nicht wegzudenken war. Die Diskothek »Black Mustang«, 1967 von Heinz Bertsch gegründet, war die erste »echte« Diskothek in unserer Stadt. Erst vor wenigen Jahren musste dieses legendäre Etablissement schließen, um einer neuen Bebauung zu weichen. 3.000 Mark Entlassungsgeld von der Bundeswehr und ein harter, selbstloser Arbeitseinsatz reichten Heinz Bertsch aus, um im Keller der alten Knopffabrik in der Lindachstraße, gleich hinter der Polizeiwache, seine Disco zu eröffnen.

Heinz Bertsch, der Besitzer des Black Mustang, bei seiner feierlichen Eröffnungsrede. Mehr als 30 Jahre lang schleuste die Disco Generationen von Jugendlichen durch.

- *Die Reutlinger Volksschulen haben 6.376 Schüler, die höheren Schulen zusammen 4.465.*
- *Die Schützengilde Reutlingen 1.290 e. V. begeht ihr 675-jähriges Jubiläum.*
- *Die Freiwillige Feuerwehr Betzingen feiert ihr 100-jähriges Bestehen.*

Juni
- *Die Storlachschule heißt fortan Gerhart-Hauptmann-Schule.*
- *Reutlingen gibt sich der Hoffnung hin, dass die neue Kläranlage der Stadt Pfullingen eine größere Sauberkeit der Echaz zur Folge haben werde.*
- *Der Gemeinderat beschließt den Bau einer dritten Schule in Orschel-Hagen.*
- *Für die Klassen 1 bis 5 wird ein Kinderfest veranstaltet. 4.000 Kinder nehmen teil.*
- *Zur Ausstellung »Reutlinger Schüler malen und zeichnen« werden über 1.000 Arbeiten eingereicht. 200 davon werden im Spendhaus ausgestellt.*

Juli
- *Das Bruderhaus feiert 125. Geburtstag.*
- *Die durchschnittliche Lebenserwartung der Reutlinger Männer liegt bei 64,6, die der Frauen bei 69,4 Jahren.*

August
- *Bundeskanzler Erhard spricht in der Listhalle. Der August ist kein sommerlicher, sondern eher ein Regenmonat.*

September
- *Das Bundestreffen der Donauschwaben findet in Reutlingen statt. 10.000 Teilnehmer kommen aus dem ganzen Bundesgebiet.*
- *Der SPD-Bundeskanzlerkandidat Willy Brandt spricht auf dem Marktplatz.*
- *Der DGB hat in Reutlingen 21.667 Mitglieder.*

Oktober
- *Der Schwäbische Albverein Betzingen feiert sein 75-jähriges Bestehen.*
- *Die Firma Karosserie-Wendler begeht ihren 125. Geburtstag.*

Wir belohnten ihn, indem wir leidenschaftliche Gäste wurden. Das Taschengeld reichte zwar kaum für ein Mixgetränk mit Alkohol, aber so wurde halt nur eine Cola bestellt, die dann den ganzen Abend lang halten musste. Im »Mustang« gab es erfreulicherweise keinen »Gedeckzwang« wie in den anderen Tanzcafés des Umlandes, etwa dem »Bayerl« in Unterhausen oder dem »Spohn« in Metzingen. Außerdem kam die Musik – die sehr laute Musik – von den Tellern der Schallplattenspieler und nicht von

Alleinunterhaltern oder sonstigen Tanzcombos. Das »Mustang« war im Wildweststil eingerichtet, mit viel Holz und Wagenrädern an den Wänden. Nie hörten wir jedoch Country-Musik. Die Beatles standen mit den Alben »Sgt. Pepper's Lonely Hearts Club Band« und »Abbeyroad« an der Spitze ihrer Popularität und die Rolling Stones befanden sich »Two Thousand Light Years From Home«.

Die Ohrwürmer von damals blieben oft wochenlang auf Platz eins der

... und man beachte: bei den »Black Cats« spielen auch zwei Neger mit!

Deutschen Hitparade und drehten sich unentwegt auf den Plattentellern. Led Zeppelin mit »Whole Lotta Love«, Simon & Garfunkel mit »El condor pasa«, Black Sabbath mit »Paranoid« und Simon & Garfunkel mit »Bridge Over Troubled Water«.

Dichtes Gedränge war in den Anfangszeiten des Black Mustang eher die Regel als die Ausnahme. Damals war in vielen Diskotheken der Wildweststil angesagt.

Samstags allerdings überließen wir den »Mustang« meist den Älblern. Nicht, dass wir etwas gegen diese Spezies gehabt hätten, nein, aber die Bude war dann einfach zu voll. Wir Reutlinger suchten uns an diesem Abend andere Ziele. *Die Mitte* zum Beispiel. Zunächst in der Museumstraße gelegen, zog dieser »Jazzclub« in sein Domizil in der Gartenstraße, in dem er sich bis heute befindet. Oder aber wir pilgerten nach Stuttgart. Ins »Städtle«, wie wir sagten. Dort waren wir Reutlinger dann die Älbler. Wir trafen kaum einen Stuttgarter, der nicht der Meinung war, dass Reutlingen auf der Alb läge.

Das »*Meeting*« im Industriegebiet Laisen war moderner und aufwendiger eingerichtet als der »Mustang« und hatte eine große Tanzfläche.

In allen Discos spielten wir allerdings dasselbe Spiel: Es hieß Nachsteigen und Poussieren, Sich-Zeigen und Schautanzen. Das Schema der Discjockeys war einfach: drei bis vier heiße Rhythmen, zu denen alles geschüttelt wurde, was an einem hing, und dann zwei, drei langsame Bluesstücke. Etwa der überlange Titel »Shine on you crazy diamond« von Pink Floyd, der es dem umschwärmten DJ gestattete, sich fast eine halbe Stunde lang an der Bar

Die besten Discjockeys spielten im »Meeting« im Laisen auf. So blitzsauber wie auf diesem Archivbild ging es allerdings nachts nicht zu. Auch hier war meist jeder Platz besetzt.

- Mit der Instandsetzung der Burgruine auf der Achalm wird begonnen.
- Der VII. Bauabschnitt Orschel-Hagen wird genehmigt.
- Der Oktober ist durchweg schön, nur an 4 Tagen scheint die Sonne nicht.

November

- Die Gerhart-Hauptmann-Schule wird eingeweiht.
- Die fertiggestellte Tiefgarage unter dem Rathaus wird freigegeben.
- Eine Schallplatte mit Weihnachtsliedern, gesungen vom Schulchor der Jos-Weiß-Schule, ist schnell vergriffen. Eine zweite Auflage erscheint noch vor Weihnachten.

Dezember

- Die Maschinenfabrik Gustav Wagner feiert ihr 75-jähriges Bestehen im Parkhotel. Es arbeiten 1.100 Menschen bei »Wagner am Buckel«.
- Der städtische Kindergarten in der Brucknerstraße wird offiziell eingeweiht.

1966

Januar

- Das Lehrschwimmbecken in Ohmenhausen wird eingeweiht.
- Wetter: zu mild.

Februar

- Erste Gemeinderatssitzung im neuen Rathaus.

März

- Der von HAP Grieshaber erschaffene Reutlinger Sturmbock wird ins Rathaus geschafft.
- Die Storlach-Sporthalle wird eingeweiht.
- Der Alpenverein meldet 1400 Mitglieder, das Kepler-Gymnasium 745 Schüler.

April

- Das neue Rathaus wird eingeweiht.

von den Mädels anhimmeln und anbaggern zu lassen. Wir genossen den Klammerblues ausgiebig und Körperflüssigkeiten wurden dabei reichlich ausgetauscht.

Wer mit dem eigenen Auto kam, stellte es stolz vor der Disco ab. Die Väter rückten ihr »Heiligs Blechle« selten für eine Fahrt zum Schwoof heraus und so säumten meist ältere Automobile die Straßenränder. NSU TT, Capri oder Manta fuhren die Jungs, die Mädchen liebten den 2 CV, auch Ente genannt, den Kadett und den Käfer. Hier waren nun jene deutlich im Vorteil, die eine

Die Lehrlinge bei Strickmaschinen-Stoll, einem der vielen Reutlinger Ausbildungsbetriebe.

Unterricht für die Lehrlinge war bei Wafios die Garantie für einen guten Abschluss. Ob heute wohl noch einer der Stifte dabei ist?

Lehre absolvierten. Lehrlinge konnten sich eben schon ein eigenes älteres Auto leisten, was den Oberschülern meist nicht vergönnt war. Die besten Kisten fuhren jedoch diejenigen, die bereits nach der Volksschule eine Ausbildung absolviert hatten. Die hatten nämlich mit 18 schon ausgelernt und verdienten gutes Geld. Kaum einer musste sich damals Sorgen machen, nach der Lehre nicht übernommen zu werden. Wer beispielsweise bei Stoll, Bosch oder bei Wafios gelernt hatte und sich nicht gerade doof anstellte, ist wahrscheinlich noch heute dort beschäftigt.

Wir machen Musik

Im »Team65« spielte die Musik die wichtigste Rolle. Hier kamen die regionalen Bands, die nach der »Beatlemania« aus den Kellern drängten, zu lautstarkem Einsatz.

Auch die anderen Jugendclubs boten den Reutlinger Musikbands eine Plattform. »The Crying Dogs«, »The Strangers«, »The Black Birds« – Vorgängerband der heutigen »Lollies« – und »The Merseys«, aus denen sich in den frühen 80ern dann die »Midlife Buddies« mit Friedhelm Judt bildeten, spielten hier. Auch wenn sich die

Musikstile sehr unterschieden, in einem waren sich die Bands einig: in der Lautstärke. Hier hieß es: je lauter, desto lieber. Weil ein Tonmeister meist nicht zur Verfügung stand, mussten die Musiker »on stage« die Lautstärke ihres Instrumentes selbst regeln. Offenbar hatte während des Auftritts jeder das Gefühl, zu leise zu sein. Schnell drehte er seinen Bass noch ein paar Phonstärken nach oben und uns Zuhörern platzten schier die Trommelfelle. Kommunikation auf dem Nachhauseweg konnte man sich getrost sparen, denn keiner verstand den anderen, und noch am nächsten Morgen klingelte es im Gehörgang.

Aber es war nicht so, dass die Phonstärken wichtiger gewesen wären als die Musikqualität, nein, die Gruppen konnten sich schon hören lassen. Manche gelangten sogar zu überregionalem Ruf. Ende der Sechziger begann dann das große Sterben dieser Musikbands. Alle bevorzugten fortan Discomusik aus der Konserve.

Ab Mitte der Siebziger jedoch begann dann eine musikalische Revolution und einige der Bands wurden wieder zu neuem Leben erweckt. 1973 gründete zum Beispiel der unvergessene »Daddes« Joachim Gaiser die Band »The Barbing Rocks«. 1976 dann

Mai
- *Unterzeichnung der Partnerschaftsurkunde Ellesmere Port und Reutlingen.*

Juni
- *Der Bau der Echazpassage, dem ersten und einzigen Reutlinger Plattenbau, wird geplant (Bruderhausgelände, bereits wieder abgerissen).*
- *Rüpel stören das Badevergnügen im Freibad und sollen zukünftig der Anlage verwiesen werden.*
- *Hochsommerlich warm.*

Juli
- *Ein neues Progymnasium wird im Reutlinger Norden geplant. Das zukünftige Albert-Einstein-Gymnasium wird in den nächsten Jahren interimsmäßig in der Schillerschule in Orschel-Hagen untergebracht.*
- *Das Marienheim in der Heilbrunnenstraße (heute Am Heilbrunnen) hat in 10 Jahren etwa 1.000 Mädchen vorübergehend beherbergt.*
- *Heiß, meist über 30 °C.*

August
- *In der Reutlinger Stadtbibliothek im Spendhaus befinden sich 54.000 Bände.*
- *Die Straßenbahninsel am Karlsplatz wird verschmälert, damit die Karlstraße eine Abbiegespur erhalten kann.*
- *Schwül und gewittrig.*

September
- *Oberbürgermeister Kalbfell wird mit 55,5 % für weitere 12 Jahre zum OB gewählt.*
- *Bürgermeister Künkel stirbt am 21. September.*

Oktober
- *Die Jugendbücherei in Orschel-Hagen wird eröffnet.*
- *Die Eberhard-Spranger-Schule wird eingeweiht.*

Der legendäre »Daddes« Joachim Gaiser mit den Shakin'Daddes and The Greedy Peacocks.

The Black Birds bei einem »Open-Air-Konzert« vor dem Achalmclub.

*Eine Autogrammkarte der Strangers.
Sie füllten damals die Veranstaltungsstätten.*

die »Shakin'Daddes and The Greedy Peacocks«, zusammen mit Thomas Wetzel und Mathias Ostertag. Didi Banaski und Ödi Jonitz waren anfänglich auch dabei. Die Band spielt bis heute, auch wenn sie sich von ihrem Beinamen »and The Greedy Peacocks« getrennt hat. Leider müssen die Bandmitglieder heute auch ohne Daddes auf der Bühne stehen. Er verstarb im April 2004 an einem Krebsleiden.

Gleich zwei Bands gründete Axel Köberlein, ebenfalls Mitte der Siebziger, »Schwoißfuaß« und später »Grachmusikoff«. Auch diese Combo, die von den Fans heute liebevoll als »fleischgewordenes Monument schwäbischer Volkskultur« bezeichnet wird, steht noch immer auf den Brettern, die die Welt bedeuten.

Kneipen und andere Vergnüglichkeiten

Im »Café Rogg« in der Oberamtei-straße gab es dunkles Andechser aus dem Holzkrug (wenn Frau Rogg denn geneigt war, uns überhaupt zu bedienen). Der »Falken« in der Katharinen-straße war der Hohlstundenaufenthaltsraum der Kepi-Oberstufe. Da ging auch schon vormittags mal ein Bierchen. Schräg gegenüber, im »Wienerwald«, warteten die französischen Soldaten auf frankophile Mädchen. Wenn es uns nach Griechisch war, gab es nur eine Adresse – das »Schallerkrügle«. Es lag im ersten Stock in einem wilden Gebäudekonglomerat einer ehemaligen Buchdruckerei Ecke Schulstraße/Gartenstraße – dort, wo heute das C&A-Gebäude steht. Italienisch aßen die Reutlinger damals bei Toni am Karlsplatz. Seine Pizzeria war die erste der Stadt und bot nur eine Handvoll Tische. »Chinesen« hatten wir noch keinen, und was ein Döner ist, erfuhren wir erst viele Jahre später. Aber Hamburger gaben wir uns nahezu wöchentlich einmal – auch ohne McDonalds. »Udos Imbiß« in der Kaiserstraße machte die besten. Manche sagen, er täte es bis heute. Zumindest konnte ihm einige Jahre später die Eröffnung einer

Im Rosengarten bei Familie Erz ging es sehr bier- und weinselig zu.
Wenn einer das Akkordeon auspackte, flüchteten wir allerdings schnell an einen anderen Ort.

Er lief breitbeinig die Metzgerstraße hinunter und peilte den »Schweizerhof« an. Wir vermuteten, was er vor hatte, und fragten im Vorübergehen provokant: »Ond – isch mr mol wieder triebig?« Der junge Mann verharrte, drehte sich langsam zu uns um, ballte die Fäuste und kam zwei Schritte auf uns zu, offensichtlich bereit eine Rauferei zu beginnen. Dann blieb er jedoch wieder stehen und meinte mit einem breiten Grinsen im Gesicht: »I komm doch edd vo dr Alb ra om mi mit uich zom Briagla. I will doch en da Puff!« Er drehte bei und läutete frohgelaunt an der Tür zum Schweizerhof.

amerikanischen Fastfoodkette, einen Steinwurf weit entfernt, das Geschäft nicht vermasseln. Es gibt ihn immer noch.

Wenn die Eltern bezahlten, wurde gut bürgerlich geschlemmt. Hier sei vor allem an Rexroth's Harmonie erinnert, die in der Wilhelmstraße, oberhalb des Lindenbrunnens, stand. Der Thüringer Koch und Metzgermeister aus Saalfeld betrieb auch die Gaststätte »Traube-Post« in Eningen. Seine Küche und Würste waren weithin bekannt, selbst aus Stuttgart kamen seine Gäste.

Familie Lindner, die bis 1976 das Schützenhaus im Wasenwald betrieb, verwöhnte uns mit schwäbisch-bayerischen Schmankerln.

Gelegentlich, aber mehr aus Langeweile, weil sonst nicht viel geboten war, spielten wir eine Runde Minigolf. Drei Anlagen gab's in Reutlingen: zwei in der Nähe des Freibads und eine in Orschel-Hagen. Die Meinungen, welche davon die bessere war, gingen weit auseinander, gut gelaufen sind sie alle drei. Nur die Anlage in Orschel-Hagen besteht noch. Die beiden anderen fielen der Bebauung zum Opfer, denn sie befanden sich auf sehr wertvollem Baugrund.

Hin und wieder ging die ganze Clique zum Bowlen. Lange Jahre wurden die Tübinger von uns beneidet, weil sie eine Bowlinganlage hatten. Auch wir Reutlinger wollten lieber bowlen als kegeln, denn Kegeln war aus unserer Sicht eher etwas für ältere Herrschaften. Endlich gab es eine Anlage in Reutlingen, in der Metzgerstraße hinter dem »Freudenhaus«. Jawohl, auch Reutlingen hatte so ein offizielles Etablissement im ehemaligen Gasthof »Schweizerhof«.

Im Sommer besuchten wir häufig die beiden Gartenwirtschaften im Sondelfinger Wald – den »Rosengarten« und die »Waldschänke«. Sie lagen nicht weit auseinander nahe der »Kalten Herberge«, die damals noch als Ruine existierte. Die Familie Erz bot Bier und

Rote Wurst zu erschwinglichen Preisen an (auch heute noch). Vor den lauschigen Naturbiergärten gab es ausreichend Parkplätze, auf welchen stolz die Zweiräder und später auch die ersten Autos präsentiert werden konnten.

Urige Bierkneipen, wie wir sie vom Hörensagen aus Düsseldorf und Berlin her kannten, kamen erst einige Jahre später. Sie hießen »Köppes«, »Spitzbua«, »Rappen« und natürlich der unvergessene »Bebenhäuserhof«, der auch »Siggi's Jazzhaus« genannt wurde. Man traf sich dort mit Freunden, um zu plaudern. Mal dort und mal dort. Und überall traf man auch jemanden, den man schon lange nicht mehr gesehen hatte.

Tanzvergnügen

Lediglich zwei Tanzschulen brachten in den Sechzigerjahren den Reutlingern die Walzerschritte bei: »Pfander« und »Kurz«. Zu Kurz gingen nur diejenigen, die bei Pfander nicht mehr unterkamen. Pfander, außerhalb der Kernstadt in der Nähe des Volksparks gelegen, war immer erste Wahl. Erklärbar war dies allerdings nicht, denn das Prozedere bis zu den ersten sicheren Schritten auf dem Tanzparkett war bei

Die Tanzschule Kurz befand sich direkt am Karlsplatz und hatte den Vorteil, dass wir uns kurz vor Beginn noch eine Portion Pommes einverleiben konnten. In unmittelbarer Nähe des Eingangs stand nämlich ein Imbisswagen in der unteren Wilhelmstraße. Ein Tanzschüler, der normalerweise zu jenen attraktiveren zählte, mit denen die Mädchen gerne tanzten, hatte einmal heftig Probleme, eine Tanzpartnerin aufzufordern. Er bekam laufend Körbe. Sein Selbstbewusstsein geriet heftig ins Wanken, bis er den Grund für die Abneigung der Damen im deckenhohen Spiegel der Tanzschule bemerkte. Unter seiner Nase hing nämlich ein erbsengroßer Klecks Mayonnaise, der zart mit Ketchup durchwirkt war. Optisch erinnerte dieser fatal an Rotz.

beiden Schulen identisch. Die Frage: »Darf ich um den nächsten Tanz bitten?«, natürlich einschließlich höflicher Verbeugung, war in beiden Schulen unabdingbar. Wir lernten Cha-Cha-Cha, Foxtrott, Walzer, Rumba, Jive und Samba und als Königsdisziplin Tango und Paso Doble.

Der Anfängerkurs kostete damals 175 DM. Die Zwischen- und Abschlussbälle mussten wir auch löhnen. Dann kam noch das Ballkleid für die Mädchen oder der Anzug mit Krawatte für die Jungs dazu. Insgesamt kein billiges Vergnügen. Alles wurde jedoch

Abschlussbälle wurden in der Tanzschule Kurz feierlich zelebriert. Natürlich durfte auch ein Ball-Abschlussfoto nicht fehlen.

Juli
- Der Präsident der Republik Elfenbeinküste besucht Reutlingen.

August
- Der Reutlinger Starfighterpilot Bartel kommt in Texas bei einem Absturz ums Leben.
- Das Wanderheim auf dem Rossberg wird renoviert.
- Zu kühl: 20°C.

September
- Die Straßenbahn Betzingen–Karlsplatz geht auf ihre letzte Fahrt.
- Der erste Bauteil der Hermann-Hesse-Realschule wird fertiggestellt.

Oktober
- Die Oskar-Kalbfell-Stiftung wird gegründet, sie soll begabte Kinder armer Reutlinger Familien fördern.
- Der Bau eine Mehrzweckhalle in Ohmenhausen wird beschlossen.

November
- Am 11. 11. wird die Narrensaison im Parkhotel eröffnet.
- Eugen Lachenmann, der Verleger des General-Anzeigers, wird 75 Jahre.

Dezember
- Das Defizit der Reutlinger Straßenbahn beträgt 1966 satte 940.000 DM.
- 286.000 Badegäste besuchen die Reutlinger Bäder.
- Die Einwohnerzahl Reutlingens ist zum ersten Mal gesunken, und zwar von 74.628 auf 74.411.

1968

Januar
- Die Zuständigkeit für die Straßenbeleuchtung wird auf die Stadt übertragen. Vorher waren die Stadtwerke verantwortlich.

gerne von den Eltern bezahlt. Sie waren es schließlich auch, die uns dorthin schickten.

Eine Szene in der Tanzschule Pfander. Die Herrenmode hat sich, wie man erkennen kann, kaum geändert, die der Damen hingegen sehr wohl. Rock'n'Roll-Überschläge waren in diesem Outfit sicherlich nicht drin.

Klamotten und Accessoires

Nahezu tabulos lebten wir in die wilden Siebziger hinein. Kaum ein Mädchen trug einen BH, dafür waren die Röcke ultrakurz. Grelle Blumenmuster zierten unsere Kleidung. Jerseystoffe waren angesagt. Jeans trugen nur noch die Pragmatiker unter uns. Clogs mit hohen Holzabsätzen waren en vogue und Lackschuhe mit bis zu 12 cm hohen Plateausohlen. Zu sehen waren jene jedoch nur im Sitzen, denn im Stehen wurden sie vom gewaltigen Schlag der Hosen eingehüllt. Lesley Hornby alias Twiggy war das Fotomodell, das einerseits kontrovers diskutiert, andererseits aber auch kopiert wurde: klapperdürr, mit dunkel geschminkten Augen. Die Jungs trugen knallenge, tief aufgeknöpfte Hemden und zeigten stolz die noch unbehaarte Brust.

Ganz unvermittelt mussten die Mädchen eine ihrer letzten Bastionen aufgeben – die *Handtaschen für Männer* kamen in Mode, auch »Herrenbegleiter« genannt. Es war phänomenal, aber plötzlich baumelten an den männlichen Handgelenken ebenfalls kleine Täschchen, Pfeifentaschen nicht unähnlich. Aber wer rauchte damals schon Pfeife? Vermutlich verbreiteten sich die Herrenhandtaschen deshalb so schnell, weil unsere Hosen damals ja hauteng sitzen mussten. Geldbeutel, Schlüssel, Zigaretten und Feuerzeuge verursachten da hässliche Beulen in der Hose, wo die Jungs keine Beulen zeigen wollten. In den »Herrenbegleiter« passten auch Taschenmesser und sonstiges Kleinzeug. Der

Nachteil: Kam ein solches Täschchen mal abhanden, fehlte meist alles: Schlüssel, Ausweis, Bargeld, Liebesbriefe. Scheckkarten und Handys gab es glücklicherweise noch nicht.

Woodstock

Was hätten wir dafür gegeben, um dabei sein zu dürfen. Dieses Musikfestival galt als der musikalische Höhepunkt der amerikanischen Hippiebewegung »Flower-Power« und fand vom 15. bis 18. August 1969 in Woodstock, einer bis dato völlig unbekannten Farm in Bethel im US-amerikanischen Bundesstaat New York statt. Auf dem Festivalgelände herrschten chaotische Zustände, da selbst die kühnsten Besuchererwartungen um ein Vielfaches übertroffen wurden. Eine halbe Million Menschen traf sich, obwohl die Veranstalter nur mit 50.000 gerechnet hatten. Dies führte bis hin zum Ausnahmezustand. Starker Regen, mangelnde Versorgung, Müllberge und katastrophale sanitäre Engpässe veranlassten schließlich sogar das Militär, Menschen in Sicherheit zu bringen.

Die bekanntesten Bands der Zeit fehlten zwar, wie *The Beatles*, *Bob Dylan*, *The Doors*, *The Rolling Stones* und *Led Zeppelin*, weil allen 32 Bands und Solisten der Musikrichtungen Folk, Rock, Soul und Blues insgesamt nur geringe 200.000 US-Dollar als Gage ausbezahlt wurden. Die Liverpooler Pilzköpfe allein hätten sicherlich so viel gefordert. Jene 32 Interpreten, die auftraten, begeisterten jedoch die Jugend in der ganzen Welt und bekamen teilweise Kultstatus. Viele Namen hörten wir zum ersten Mal, sie wurden jedoch nach Woodstock weltberühmt: Joe Cocker etwa, Jimmy Hendrix oder Creedence Clearwater Revival.

Für Woodstock waren wir zu jung, dennoch verfolgten wir dieses Hippie-Flower-Power-Festival in den USA über sämtliche Medien, die uns zur Verfügung standen, und saugten jede Info dankbar auf. Jeder kannte danach auch einen, der einen kannte, der damals auch wirklich »physisch« in Woodstock dabei gewesen war.

Demonstrationen

1970 gingen viele der Reutlinger Gymnasiasten zur ersten Demo ihres Lebens. Wir wetterten gegen den *Numerus clausus* und gegen Kultusminister Hahn, der selbigen einführte. Ohne wirklich zu ahnen, wie sehr der NC unsere Entscheidung für einen

Unsere erste Demo ging gegen die Einführung des Numerus clausus.

Unsere »aufregende« Wilhelmstraße bei Nacht.

Unser »schönes« neues Rathaus entsteht und ...

... für den Umzug waren sämtliche Möbel-Laster der Stadt im Einsatz.

Ein Mädchen gelangte über die Hirschgasse in die Wilhelmstraße und schritt plötzlich im Strom der Demonstranten mit. Alle sangen wie aus einer Kehle: »Wachet auf, wachet auf – es krähte der Hahn!« Sie erkannte einen Freund in der Menge, kämpfte sich bis zu ihm durch und fragte: »Sag mal, von was für einem Hahn habt ihr's da?« Er schaute verdutzt zurück und meinte: »Da hab ich doch keine Ahnung.«

späteren Studienplatz beeinflussen sollte, zogen wir mit Leidenschaft die Wilhelmstraße hinauf und hinunter und brüllten voller Leidenschaft gegen den Plan unseres Kultusminister Hahn: »Hahn-Hahn-Hahn muss weg!« Den Demonstrationsführern hingen wir dann bei ihren wilden Reden auf dem Marktplatz an den Lippen.

In dieser Zeit waren Demos aller Art angesagt – insbesondere gegen den Vietnamkrieg rebellierten wir. Aus Prinzip ging es gegen die amerikanische Regierung. Nicht jedoch gegen die Amerikaner im Allgemeinen. Im Gegenteil: die Amis gaben uns Orientierung. Jeans, Cola, Musik – alles war dort irgendwie besser als in Deutschland. Unser Halbwissen reichte auch aus, um gegen die Atomkraft zu sein. In einer Art Gruppenzwang gingen wir, deren große Vorbilder die

Die gute alte Bücherverbrennung vor dem Listgymnasium. Nach bestandenem Abitur war es damals üblich, sich vom Ballast der Pennälerzeit zu trennen. Ausdruck gab man diesem Vorgang dadurch, dass Schulbücher und Schulhefte demonstrativ verbrannt wurden. Heute wäre wahrscheinlich ruckzuck die Obrigkeit auf dem Plan und würde die Aktion verhindern.

68er-Generation war, auf die Straße. Die Jungs unter uns beneideten Rainer Langhans, der in einer Berliner Kommune lebte und dies gleich mit einer ganzen Handvoll Frauen, von denen Uschi Obermayer zweifelsohne die tollste war. Völlig friedlich demonstrierten wir allerdings, denn keiner von uns hat jemals einen Stein geworfen.

Die Lederstraße als Großbaustelle – genau hier ist heute unser zentraler Omnibusbahnhof...

... und derselbe Abschnitt, vom Wandelknoten aus gesehen mit dem Gewerkschaftshaus (rechts).

April

- *Im Landkreis arbeiten 12.000 Gastarbeiter, der Bedarf ist immer noch ungebremst.*
- *Die Textilwirtschaft beklagt das Abwandern der Fachkräfte.*

Mai

- *Das traditionsreiche Schlachthaus in der Lederstraße muss dem Verkehr weichen.*
- *Am 4. Gymnasium in Reutlingen, dem Albert-Einstein-Gymnasium an der Rommelsbacher Straße, wird mit Hochdruck gearbeitet.*
- *Es ist heiß – bis 36 °C.*

Juni

- *Die Turn- und Festhalle in Ohmenhausen wird eingeweiht.*

Juli

- *Die Federnfabrik Hermann Vogt wird 100 Jahre alt.*

August

- *Die Reutlinger Stadtverkehrsgesellschaft wird gegründet. Der 2. Bauabschnitt der Hermann-Hesse-Realschule wird fertiggestellt.*

September

- *Eine Kommission für die Schaffung eines Schulzentrums im Gewand Hohbuch wird gegründet.*

Oktober

- *Die neue Brücke beim Betzinger Rathaus wird für den Verkehr freigegeben.*

November

- *Das Haushaltsvolumen der Stadt beträgt ca. 80 Mio. DM.*

Dezember

- *Die Einwohnerzahl Reutlingens beträgt 77.853 Personen, davon sind 7.126 Ausländer aus 72 Nationen.*
- *Das Parkhotel verzeichnet 11.776 Übernachtungen.*

Nachwort

Und ganz plötzlich waren wir »alt«. Die sturmfreie Bude bedeutete uns nichts mehr, weil wir selbst mobil waren und einige unserer Freunde schon eigene Wohnungen hatten. Kinobesuche waren nicht mehr spektakulär, weil der Videorekorder erfunden war und an jeder Ecke ein anderer Videoverleih eröffnet wurde. Wir ertappten uns dabei, dass wir uns lieber nächtelang gegenseitig Weltverbesserungsvorschläge vortrugen und über das Niveau unserer Politiker diskutierten, als uns in Discos das Gehör zu versauen. Wir verstanden die Jüngeren nicht mehr. Vor allem deren Musikgeschmack – sie hörten David Bowie und Abba.

Die Generation verlief sich. Zum Studium musste meist der Wohnsitz gewechselt werden, es sei denn, man entschied sich für ein Studium an der pädagogischen oder textiltechnischen Fakultät – die gab es auch in Reutlingen. Selbst diejenigen jedoch, die im benachbarten Tübingen studierten, wollten lieber dort in einer Wohngemeinschaft leben, um endlich etwas Abstand zum Elternhaus zu gewinnen.

Als Soldat wurde man ohnehin nicht gefragt, wohin man wollte und was man gerne tun würde. Freunde waren unvermittelt in ganz Deutschland verstreut. Den Wehrdienst verweigerten nur wenige. Es war damals ja auch sehr viel schwieriger als einige Jahre später – ohne richterliche Verhandlung ging da gar nichts. Die meisten nahmen dann doch eher den Dienst an der Waffe in Kauf. Diese Entscheidung wurde zusätzlich von einem seltsamen Phänomen unterstützt: Die Mehrzahl unserer Väter hatte als Soldaten in der deutschen Kriegswehrmacht gedient. Voller Überzeugung predigten sie uns, dass jede Generation einen Krieg zu überstehen hätte, eben weil es in der Vergangenheit immer so gewesen sei. Sie selbst hätten an die Front gemusst, ihre Väter auch, ihre Großväter ebenfalls … und ebenso überzeugend stellten alle Väter klar, dass diejenigen, die das Kriegshandwerk nicht gelernt hätten, im Kriegsfall nur als »Kanonenfutter« herhalten könnten. Ohne Zweifel – nur »gelernte« Soldaten hatten an der Front eine geringe Überlebenschance. Kein Wunder, dass aus unserer Generation dann die Friedensbewegung hervorging. »Make Love – Not War« klebte an jedem zweiten Fahrzeugheck und signalisierte deutlich pazifistische Haltung. Später gesellte sich dann noch der »Atomkraft, nein danke«-Bäbber dazu und drohte allen, dass wir auch sonst bereit waren zu widersprechen.

Trotz Antibabypille, Minirock und durchsichtigen Blusen war unsere Generation sehr viel keuscher, als es ihr nachgesagt wurde. Irgendwie wussten wir genau, was gut ist und was böse, was wir wollten und was nicht.

Uns bleibt die Erinnerung an eine herrliche Kindheit und Jugend.